面向实体选线的铁路三维环境建模理论与方法

聂良涛　吕希奎　著

科学出版社

北京

内 容 简 介

铁路实体选线是传统中心线选线在三维设计环境下的拓展，是最能反映选线设计本质的一种三维正向设计模式。铁路三维环境的快速建立是实现铁路实体选线的关键。本书从长大带状三维地形环境建模、三维工程地质环境建模、线路实体三维自动化建模、列车与线路三维运动场景建模与仿真四个方面，系统介绍了面向实体选线的铁路三维环境建模理论与方法，基于相关纵、横向课题的研究进行了方法实现，并给出了应用实例。

本书可供铁道工程和轨道交通工程领域的教学、科研、研发人员参考，也可作为高等院校铁道工程、轨道交通工程线路相关专业高年级本科生和研究生的拓展教材。

图书在版编目（CIP）数据

面向实体选线的铁路三维环境建模理论与方法 / 聂良涛，吕希奎著. —北京：科学出版社，2023.8

ISBN 978-7-03-074362-6

Ⅰ. ①面… Ⅱ. ①聂… ②吕… Ⅲ. ①三维-铁路选线-建立模型-研究 Ⅳ. ①U212.32

中国版本图书馆CIP数据核字（2022）第249283号

责任编辑：周 炜 裴 育 乔丽维 / 责任校对：王 瑞
责任印制：赵 博 / 封面设计：陈 敬

科 学 出 版 社 出版
北京东黄城根北街16号
邮政编码：100717
http://www.sciencep.com
北京富资园科技发展有限公司印刷
科学出版社发行 各地新华书店经销
*
2023 年 8 月第 一 版 开本：720×1000 1/16
2025 年 2 月第三次印刷 印张：13 1/4
字数：265 000
定价：110.00 元
（如有印装质量问题，我社负责调换）

前　言

　　铁路线路工程是一个由土工结构、桥梁与高架结构、隧道结构等组成的空间三维带状构造物。铁路选线设计的基本任务之一就是根据地形、地质、水文等自然条件和资源分布情况等确定出这个空间带状构造物的位置。传统的基于数字线画图的中心线选线设计受限于早期计算机水平，只能采用三视图和简单图形、符号的方式来表达线路空间三维实体。目前随着空间信息技术、虚拟现实技术、计算机仿真技术、建筑信息模型技术等的飞速发展，在三维地理环境下采用实体设计模式反映线路设计过程与表达设计结果的技术难题已经基本解决，在铁路领域发展线路三维正向设计成为必然的趋势。

　　本书正是在这样的背景下，以构建开展实体选线设计的铁路三维环境为目的，实现一种实时布设线路构造物的铁路实体选线设计模式，并提出相应的建模理论与方法。全书共 7 章，主要内容涵盖选线三维空间地理信息的采集与表达技术、线路三维实体自动化建模技术、列车与线路三维运动场景建模与仿真技术、实体选线设计技术实现及应用实例分析。本书介绍的理论与方法及实现技术具有较好的学术价值和工程应用前景，对于推动线路工程三维正向设计的发展，提高线路勘测设计信息化水平具有重要意义。

　　本书第 1 章、第 2 章、第 4 章、第 6 章、第 7 章由聂良涛撰写，第 3 章、第 5 章由吕希奎撰写。相关研究和撰写工作得到了西南交通大学易思蓉教授、北京交通大学魏庆朝教授、同济大学顾保南教授、兰州交通大学韩峰教授的热情帮助和指导。在相关项目研究期间，中铁二院工程集团有限责任公司提供了大量研究资料，团队研究生侯国蛟、刘新华、孙晓浩、汤哲、郭宇博等付出了辛勤劳动。

　　本书内容基于作者主持和参与的国家自然科学基金面上项目（51278316）、河北省自然科学基金项目（E2019210339）、省部共建交通工程结构力学行为与系统安全国家重点实验室开放课题（ZZ2020-05）、河北省教育厅青年科学基金项目（QN2018068）、铁路设计院相关横向课题等研究成果。

　　由于作者水平有限，书中不足之处在所难免，热忱希望同行专家及广大读者提出宝贵意见，恳请批评、指正和帮助。

作　者
2022 年 9 月

目　　录

第1章 绪 论

1.1 铁路实体选线的含义

铁路选线作为铁路勘察设计中的龙头，是一项关系到全局的总体性工作，选线的质量直接影响着铁路工程的建设和线路运营的安全高效[1]。20世纪50年代以来，道路与铁路领域的专家与学者就开始探索用计算机辅助线路设计的理论与方法。我国"九五"期间，铁道部科技司推出"铁路勘测设计一体化、智能化研究"重点铁路科技攻关项目，以甩掉图板为目标，实现了勘察设计技术手段从传统的手工方法向计算机辅助绘图(computer aided drawing，CAD)技术的转变，线路设计进入基于数字线划图(digital line graphic，DLG)的二维CAD设计时代[2]。经过近20年的发展，虚拟现实技术、空间信息技术、建筑信息模型(building information modeling，BIM)技术等高新信息技术推动了线路三维数字化设计技术的进步，选线设计正在由二维CAD设计向三维BIM正向设计转变。基于虚拟环境的铁路实体选线技术正是BIM时代线路勘察设计信息化发展的必然趋势。

虚拟环境或称虚拟现实(virtual reality，VR)[3]，是由计算机生成的，具有临场感觉的环境，工程意义上的虚拟环境是指以计算技术为核心，生成感知上与真实环境高度近似、交互上直观自然的数字化环境。

基于虚拟环境的铁路实体选线设计是指利用虚拟现实技术构建一个虚拟地理环境(virtual geographic environment，VGE)，对选线区域地形、地质、既有地物、植被等自然环境信息进行解释、集成、表达、三维可视化显示，选线工程师在该环境中充分利用专业领域知识对环境信息进行分析，采用实时布设结构物的方式，直接生成带状线路三维空间实体模型，基于三维模型进行线路方案设计、修改、比选和评价的选线方法和技术。相比传统选线设计，其主要有三个方面的变化：

（1）选线环境载体由数字线划图环境转变为虚拟地理环境。主要指利用虚拟现实技术在室内环境下模拟建立的集空间地理信息识别、处理、表达、分析于一体的真三维带状地理环境和工程地质环境。选线工程师可以在该环境中操作、控制环境中的虚拟对象，对复杂地理信息进行可视化和交互式处理，具有逼真显示、沉浸感、交互性和构想性等特点。

（2）选线设计过程由中心线设计转变为线路三维实体设计。铁路线路的本质就是三维空间的带状构造物实体，通过线路构造物实体实时自动化建模以及线路构造物模型与地理环境的快速融合，实现选线基于二维图形的设计转变为基于三维模型的设计。选线过程中通过自动拉坡、路桥隧自动分段、线路技术指标自动统计、模板预置、模型参数化、属性化、互关联等，实时构建参数化、轻量化的线路实体模型。选线工程师在三维可视化的地理环境中，快速对设计的线路实体方案与周边既有结构物的关系及与周围景观的融合程度进行动态观察，直接对线路实体方案进行构造物实时布设、工程量统计、造价概算、方案查看和修改等，实现所选即所见的目标。

（3）选线设计成果由输出二维图纸转变为输出三维模型。二维图纸作为设计院的主要产品，绘图在传统选线设计中占用了工程师绝大部分的时间。实体选线设计成果以线路实体信息模型（线路实体几何模型+线路属性信息）的方式存储及输出，二维透视图作为三维模型在各个剖面上的辅助产品，通过自动抽图、自动标注等技术实现，设计方案修改后图纸将实现"一键式"更新。

1.2　铁路三维环境建模研究的意义

截至 2021 年底，我国铁路营业里程达到 15 万 km[4]，预计到 2035 年，将达到 20 万 km[5]。面对快速发展的我国铁路，铁路选线设计仍将面临非常繁重的任务。采用基于虚拟环境的实体选线技术是提高选线设计效率和质量的重要途径。铁路三维环境建模作为开展实体选线设计的关键环节，其研究的重要意义在于：

（1）铁路三维地理环境和三维地质环境是开展实体选线设计的载体，也是开发铁路三维数字化选线系统的基础。在三维环境下管理和分析地形、地质、地貌等自然信息，使得选线工程师、决策者在不同设计阶段能实现设计资源共享，直观浏览地理信息，实现测绘与设计专业的集成，提高工作效率，节约社会资源。

（2）线路实体建模将线路设计与虚拟现实技术有效结合，实现铁路线路三维可视化设计，使三维可视化技术不仅可用于设计成果的直观表达，而且能够融入整个设计过程中，对方便铁路设计方案的审查、缩短项目周期和成本、提高设计质量具有重要作用。

（3）三维运行仿真环境建模将铁路牵引计算和海量铁路三维场景建模与运动仿真技术相结合，在计算机上再现一个真实的铁路运行环境，实现列车在三维线路方案上的纵向可视化动态仿真运行，对评价和优化线路设计结果、科学管理分析、提高列车运行的安全性和可靠性以及优化列车运行控制策略等具有广泛的应用价值和重大的现实意义。

研究铁路三维环境建模技术对推进空间信息技术、VR 技术和 BIM 技术在铁路勘测设计领域的应用，提高铁路选线设计质量和效率，推动线路 BIM 正向设计等具有重要的意义。

1.3　线路三维设计系统现状及发展

1.3.1　国外系统现状及发展

21 世纪以来，欧美等发达国家的计算机辅助线路设计系统在原有的设计功能基础上，开始注重三维可视化设计技术的开发与应用。应用较成熟的系统有美国 Bentley 公司的 Power Rail Track 系统、AutoDesk 公司的 Civil 3D 系统、德国 CARD/1 软件公司的 KorFin 系统、澳大利亚旷达公司的 Quantm 系统等[6-10]。

美国 Bentley 公司推出的 Power Rail Track 系统包含了数字地形模型创建以及线路三维设计功能，随后推出的 OpenRoads ConceptStation

和 OpenRail Designer 软件分别用于道路和轨道交通线路的三维概念设计。德国 CARD/1 软件公司开发的 KorFin 系统专门用于铁路、公路等线性工程的三维实时选线设计，该系统可在三维环境中进行线路模型的动态创建及相关计算，实时显示工程数量及造价等信息，进行线路三维方案漫游展示等。澳大利亚旷达公司推出的 Quantm 系统是一个结合了卫星图像技术、航测技术及计算机优化技术进行线路三维优化的规划辅助决策系统，可以将丰富的空间影像、工程、环境等数据集成对交通基础设施规划方案进行优化，从而大幅度降低工程的建设及运营费用，缩短线路规划时间，改善对环境的影响等[11]。AutoDesk 公司也推出了三维线路概念设计软件 Infraworks 和道路三维深化设计软件 Civil 3D。

这些系统基本上具备了良好的数字地形建模与处理功能、三维图形显示功能、针对本国技术标准体系的线路设计功能、一定的智能优化和平纵横联动设计功能等，但是存在标准体系不一致、成本较高、进行二次开发难以涉及内核等缺点，我国应该结合国内线路计算机辅助设计技术的发展，研发适合本国铁路标准体系的三维设计系统。

1.3.2　国内系统现状及发展

国内主要是各大铁路设计院和轨道交通院校相继研究推出的线路三维设计系统。

中铁第一勘察设计院集团有限公司研究的"基于真实感场景的线路协同设计平台"利用航摄资料建立真实三维地理场景，重现工程设计情况和周围三维地形信息，实现了地理环境三维建模、与基于 AutoCAD 的二维线路设计系统的协同设计、铁路三维动画等功能。

中铁二院工程集团有限责任公司与中南大学联合开发了针对预可行性研究阶段的"基于 Google Earth 的铁路三维空间选线系统"[12]。在 Google Earth 平台下实现了数字地形和影像等地理信息资源获取、平面定线、设计成果三维可视化展示等功能，详细的平、纵、横断面设计在传统 AutoCAD 平台下完成。

中国铁路设计集团有限公司以原铁道部重点实验室为主体，研究了"数字化三维协同设计系统"，解决了基于航测影像信息建立三维地理环境、铁路三维动画等问题，其成果应用于铁路勘察设计和铁路运营工务管理，取得了良好的社会和经济效益。

中铁第四勘察设计院集团有限公司基于航空摄影与遥感获取的数字高程模型(digital elevation model，DEM)、数字正射影像(digital orthophoto map，DOM)以及各种多源数据，利用虚拟现实技术，重建三维地形场景，提供立体选线平台，开发用于铁路线路设计(平面设计、纵断面设计、横断面设计)的矢量图形系统[13]。系统能够提供利于选线的大区域的三维立体实景，并对竣工后的线路进行三维建模及工程量预算、查询、统计、汇总。

此外，西南交通大学于 20 世纪末，在铁路建设领域首先将先进的虚拟环境建模理论和方法应用于铁路选线系统的研究，提出了虚拟环境选线设计系统的理念，并致力于虚拟环境选线系统的建模技术及其应用研究，研制了一个适用于铁路规划及前期研究阶段的虚拟环境选线系统，然后结合项目建立了适应于初步设计阶段的基于真实感地理环境的铁路数字化选线系统。

从目前的线路三维设计技术与系统研究分析看，主要实现集中在三维数字地形建模、线路中心线联动设计、平纵横设计成果三维可视化、线路三维漫游等方面，我国铁路领域尚未实现线路三维正向设计。

1.4 铁路三维环境建模方法分析及技术路线

1.4.1 建模方法分析

针对铁路三维环境的建模方法可以归纳为：基于商业软件手工建模[14,15]、基于软件开发工具包(software development kit，SDK)进行二次开发建模[16-19]和基于底层图形引擎进行专门研发建模[20,21]三类。

(1)基于商业软件手工建模，无论是采用 AutoCAD、3ds Max、Maya、SketchUp、ProE 等还是现在的 BIM 软件 Revit、OpenRail Designer、

Catia 等，其建立几何模型的原理类似，都是通过点、线、面或构件进行几何造型的过程。该方法具有工作量大、重复劳动的特点，难以支持海量数据的铁路环境建模，并且每次当铁路三维场景改变时，还需要重新组织建模。手动建模方法适合于构建铁路标准构件三维模型，形成基础单元模型。

（2）基于软件开发工具包进行二次开发建模，是我国铁路三维设计中应用较为广泛的方法，一般针对一个或一套软件系统进行二次开发实现铁路三维建模。我国目前应用的铁路选线设计系统大多是基于 AutoCAD 二次开发的系统，系统的线路成果三维建模与可视化模块也是在 AutoCAD 平台下开发完成的，如应用的"新建铁路实时三维可视化设计系统"、"铁路线路平纵面交互式及可视化设计系统"。当前也有大量的研究基于 BIM 软件进行二次开发，与在 AutoCAD 或 MicroStation 矢量绘图软件中开发一样，线路建模方法的本质并没有改变，基于 BIM 软件开发生成铁路三维模型的优势在于建模较为便捷、适合资源共享和属性信息添加。该类方法开发铁路场景较为便捷、应用广泛，但受二次开发平台系统内核影响、在大数据量时难以有效组织和优化铁路场景、知识产权使用费较高。

（3）基于底层图形引擎进行专门研发建模，是使用较少也是难度最大的建模方法。该方法的优势在于理论上能够满足任意的铁路建模需求且研发的程序完全具有自主知识产权，缺点在于需要底层积累，开发难度较大。

无论采用哪种方法，线路结构和对象的空间关系是一定的，铁路三维环境建模的本质仍然是在获取建模信息的基础上，通过计算机识别、建立对象几何关系、组织铁路三维场景信息，表达呈现出来的过程。本书介绍的铁路实体选线设计三维环境建模采用的是底层研发的方法，重在介绍选线环境、线路实体场景和列车运动场景的建模、组织原理和方法实现。

1.4.2 技术路线

铁路三维环境建模研究的技术路线如图 1-1 所示。

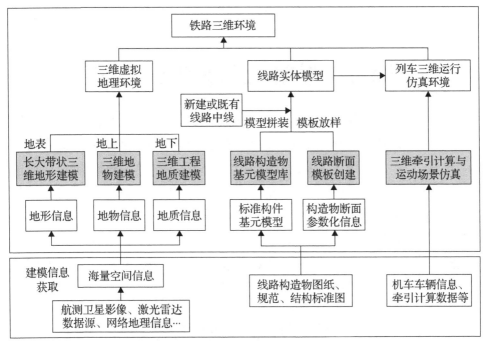

图 1-1 铁路三维环境建模研究的技术路线

第2章　铁路三维地理环境建模

　　三维地理环境是实体选线设计的载体，选线设计者在计算机屏幕上可以对整个选线区域进行全方位的观察，对不同的选线方案进行直观的比选。建立三维逼真的地理环境的首要任务就是获取地表环境的真实描述信息，这些信息主要包括描述地形和地物空间位置的几何信息以及描述地表覆盖状况的纹理影像信息，其次是综合利用图形图像建模、海量地理数据管理、模型优化组织与实时可视化显示等技术，融入既有道路、房屋、水系、景观等属性数据，建立三维立体地理环境，满足铁路三维实体选线设计需要[22]。

2.1　带状区域数字地形信息获取

　　构建三维地理环境必须采用数字化方式表达地形信息，主要包括DEM 和 DOM。目前随着测绘领域数字勘测技术的发展，采用机载激光雷达测量、航空数字摄影测量和基于数字地球资源都可以获取大范围地理环境建模所需的数字地形信息。

2.1.1　基于机载激光雷达测量的数字地形采集

1. 机载激光雷达测量原理

　　激光雷达是一种集激光扫描与定位、定姿系统于一身的测量装备，可以精确定位激光束打在物体上的光斑。根据载体的不同，激光雷达系统主要分为地面三维激光扫描系统和机载激光雷达扫描系统两大类[23]。机载激光雷达扫描系统是一种适合高速度、长距离、带状范围扫描的航空测量设备。该设备主要由激光测高仪、全球定位系统(global positioning system，GPS)、惯性测量单元(inertial measurement unit，IMU)和高分辨率数码照相机组成[24,25]。其工作原理是由激光器产生并发射一束光脉冲，打在地面上并反射回来，最终被接收器接收。接收器准确地测量光脉冲从发射到被反射回的传播时间。由于光速已知，传播时间即可被转换为对距离的测量。结合激光器的高度和激光扫描角度，就可以准确地计算出每一个地面光斑的三维坐标(x, y, z)，同时还会附有激光反射强度和颜色信息[26]，测量原理如图 2-1 所示。

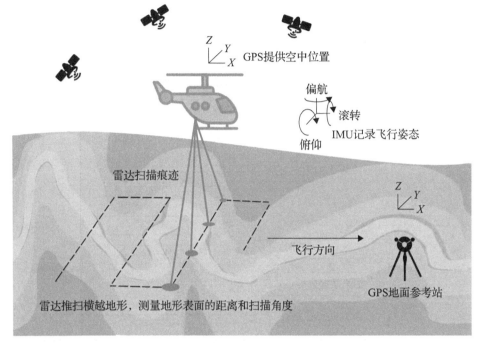

图 2-1　机载激光雷达测量原理示意图

2. 数字地形获取流程

通过机载激光雷达技术能够获取的数字地形产品有 DEM、数字表面模型(digital surface model，DSM)、DOM 和 DLG 等。机载激光雷达获取数字地形的航测作业流程如图 2-2 所示。

1)点云数据处理与 DEM 制作

机载激光雷达系统获取的激光数据是高密度、高精度的点云数据，该数据能直接反映点位的三维坐标，同时还能反映颜色、反射强度、回波次数等信息。激光雷达具有穿透植被的能力，可以测量植被覆盖下的地形，获取的点云数据测量精度高，可以达到毫米级别。通过自动或人工交互处理，把发射到植被、房屋、建筑物等非地形目标上的点云进行分类、滤波或去除，然后构建不规则三角网(triangulated irregular network，TIN），就可以快速提取 DEM[27]。点云数据处理与 DEM 制作流程如图 2-3 所示。

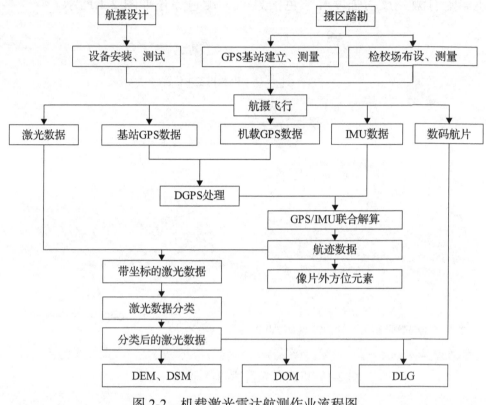

图 2-2　机载激光雷达航测作业流程图

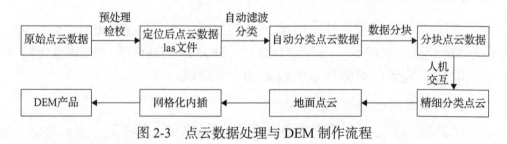

图 2-3　点云数据处理与 DEM 制作流程

2）影像处理与 DOM 制作

DOM 制作是结合 DEM 对原始航片经逐个像元进行投影差纠正后，按照影像镶嵌，依据图幅范围裁剪生成影像数据的过程。空中三角测量是 DOM 制作最重要的一步，空中三角测量的精度直接影响成果的精度。主要步骤如下：

（1）在影像上手动选择同名点，同名点要求分布均匀，尽量选择在每张影像的四个角上。

（2）进行自动匹配，将所有影像匹配出同名点。

（3）进行粗差剔除，将自动匹配的粗差点剔除掉，保留精度符合要求的同名点。

（4）影像镶嵌及拼接线修改。利用空中三角测量结果进行影像镶嵌，如果两幅影像的镶嵌线比较平直，整幅影像看起来不够平滑，或者在房屋等高于地面的地物上有导向误差，则需要手动修改拼接线，使整个图幅色调均匀、平面误差符合精度要求。

（5）利用影像内外方位元素、空中三角测量结果、DEM 对原始影像进行数字微分纠正，生成数字正射影像成果。

影像处理与 DOM 制作流程如图 2-4 所示。

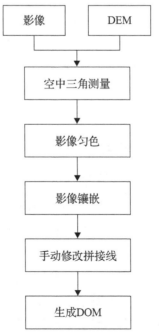

图 2-4　影像处理与 DOM 制作流程

通过机载激光雷达技术获取的中老铁路数字地形信息，以输出的单块地形显示为例，如图 2-5 所示。

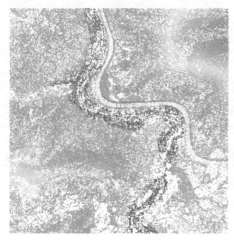

(a) 单块点云DEM　　　　　　　　　　(b) 单块DOM

图 2-5　机载激光雷达技术获取的数字地形

2.1.2　基于全数字摄影测量系统的数字地形信息获取

全数字摄影测量系统是集摄影测量、计算机立体视觉、模式识别和图像处理于一体，可以用计算机代替人眼进行立体观测，完成影像自动匹配和特征自动提取的全自动系统。利用 Helava、Inpho、JX-4等全数字摄影测量系统，可通过航摄像片快速获取 DEM、DOM 等数字地形信息。

1. Helava 全数字摄影测量系统[28]

Helava 全数字摄影测量系统是当今世界上最先进的数字摄影测量系统之一，该系统软件丰富、功能强大、精度高，利用它可以完成高精度影像扫描、像片纠正、空中三角测量加密、测图、数字地形模型（digital terrain model, DTM）生成、DOM 制作以及三维立体景观图制作等。

Helava 数字摄影测量工作站由以下组件构成：①通用计算机工作站，包括彩色显示装置、键盘和鼠标；②计算机工作站操作系统和支持软件；③计算机辅助设备（磁带机、CD/DVD-ROM 驱动器、磁盘驱动器）；④ SOCET SET 软件系统；⑤ 技术文档；⑥立体监视器（可选）；⑦3D 鼠标或跟踪球（可选）。

SOCET SET V4.4 数字摄影测量软件系统主要功能模块及其作用

为：CORE 模块用于基本摄影测量操作，如目标管理、影像管理以及处理定向、观测、叠加和量测等；SPOT、LANDSAT 和 JCRS 模块用于读取和处理数字卫星影像；HATS 模块用于自动空中三角测量；ATE 模块用于数字地面模型生成；ITE 模块用于数字地面模型编辑；Merge 模块用于数字地面模型合并；Feature 模块用于地物特征采集；Mosaic i-E 模块用于数字正射影像生成及镶嵌。

Helava 数字摄影测量工作站基本工作流程如图 2-6 所示。

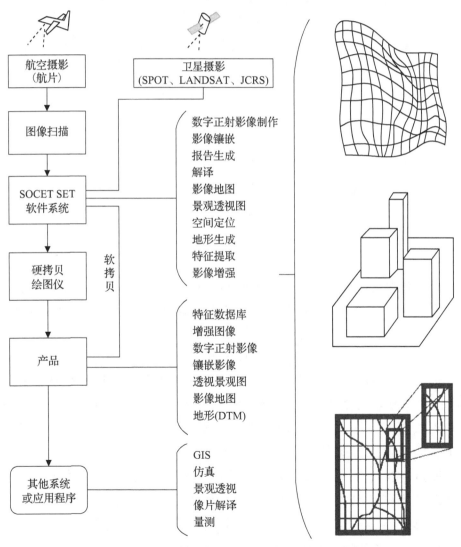

图 2-6　Helava 数字摄影测量工作站基本工作流程

数字地形产品详细制作过程可参考 Helava 全数字摄影测量系统工作手册。图 2-7 为通过 Helava 全数字摄影测量系统制作的温福铁路某段带状镶嵌数字正射影像图。

图 2-7　温福铁路某段带状镶嵌数字正射影像图

2. Inpho 全数字摄影测量系统

Inpho 全数字摄影测量系统也是世界上著名的航测与遥感处理软件之一，可以全面系统地处理航测遥感、激光、雷达等数据，能够方便快捷地进行地理定标、DTM 和 DOM 生成以及三维地物特征提取等。

系统的核心为 ApplicationsMaster，用于提供用户交互界面和启动其他系统模块，完成项目定义、数据输入输出、坐标变换、图像处理、图像定向以及 DTM 管理等功能。其他主要功能模块及作用有：MATCH-AT 模块用于对框幅式影像的几何定位进行全自动空中三角测量处理；MATCH-T 模块用于从航片或卫片影像上自动提取生成高精度 DTM；DT-Master 模块用于地理建模和 DTM 编辑；OrthoMaster 模块用于影像纠正；OrthoVista 模块用于影像镶嵌；Summit Evolution 模块用于提取及输出地理信息。

通过航拍得到的航片资料、外业像控点布设和联测得到的像控点成果以及相机模型参数，就可以利用 Inpho 全数字摄影测量系统制作数字地形产品。图 2-8 为通过 Inpho 全数字摄影测量系统输出的西部某铁路某段带状数字地形信息。

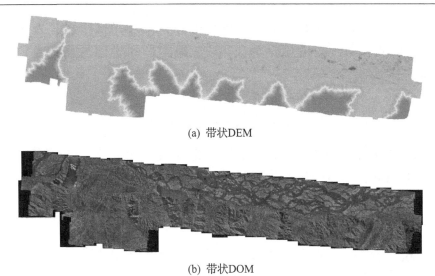

(a) 带状DEM

(b) 带状DOM

图 2-8　西部某铁路某段带状数字地形信息

2.1.3　基于网络地理信息服务的数字地形信息获取

在线路前期规划阶段，缺乏航片、卫片资料的情况下，可以通过数字地球资源的网络地理信息服务来获取数字地形信息，如谷歌地图、百度地图、高德地图、天地图等，部分地图服务还提供城市建筑模型下载。高程数据目前具有全球范围、较高精度且能直接通过网页免费下载的典型代表为 SRTM3 DEM(shuttle radar topography mission 3 digital elevation model)和 ASTER GDEM(advanced spaceborne thermal emission and reflection radiometer global digital elevation model)[29]。

下面仅针对 Google Maps 影像瓦片快速自动下载技术和与 SRTM、GDEM 高程数据的快速配准进行分析[30]。

1. Google Maps 影像瓦片下载技术

1) Google Maps 地图投影计算

地图投影是指建立地球球面点与地图平面点之间一一对应关系的数学变换方法。Google Maps 采用的地图投影方式为 Web 墨卡托(Web Mercator)，也叫公共可视化伪墨卡托(popular visualisation pseudo Mercator, PVPM)。该投影的大地基准面采用的是 WGS84 椭球体，但是为了网络可视化的方便，采用了球面墨卡托的投影计算公式(投影定义 EPSG（European petroleum survey group）3875，投影运算方法代号 1024）。假设球面经纬度坐标为 (λ, φ)，地图平面坐标为 (E, N)，其投影正算公式为[31]

$$E = R \cdot \lambda$$
$$N = R \cdot \ln[\tan(\pi/4 + \varphi/2)]$$

(2-1)

式中，E 为东西方向坐标，m；N 为南北方向坐标，m；λ 为经度，rad；φ 为纬度，rad；R 为球体半径，计算过程中取 WGS84 椭球体的长半轴半径 6378137m。

2）瓦片组织原理

Google Maps 采用金字塔模型对影像瓦片进行组织与管理，每个瓦片大小为 256 像素×256 像素。经测试，目前 Google Maps 瓦片最高缩放等级 n 为 23，但是并非每个区域都有第 23 级影像，最低缩放等级 n 为 0，此时整个地球经过投影和裁剪后得到一块 256 像素×256 像素的瓦片。瓦片数据采用四叉树进行编码，树的根节点对应缩放等级为 0 的单张全球影像瓦片，缩放等级每提高一级，上一级叶节点就四分为 4 个子节点，每个节点对应一块瓦片数据。Google Maps 服务器利用瓦片坐标来标识每个瓦片，瓦片坐标由 i、j 两个整数组成，且由左至右、由上至下依次递增，左上角瓦片坐标设置为 $(0, 0)$，对应第 n 级瓦片的右下角为 $(2n-1, 2n-1)$，Google Maps 瓦片坐标及四叉树分割示意图如图 2-9 所示。

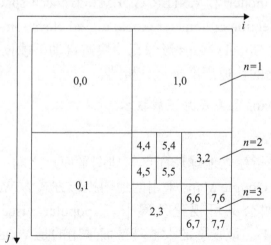

图 2-9 Google Maps 瓦片坐标及四叉树分割示意图

为了给出经纬度范围就能获取 Google Maps 的瓦片数据，需要根据经纬度球面坐标(λ, φ)计算出瓦片坐标(i, j)。当缩放等级为第 n 级时，整个投影区域被分为 4^n 块，i、j 方向各均分为 2^n 等份，第 n 级瓦片的分辨率（单位：m/像素）为

$$\gamma_{\text{res}} = \frac{2\pi R}{256 \times 2^n} \tag{2-2}$$

根据投影坐标系与瓦片坐标系的等比例关系，得到瓦片坐标与投影坐标的换算公式为

$$\begin{cases} i = \text{ent}\left(\dfrac{E + \pi R}{256\gamma_{\text{res}}}\right) \\ j = \text{ent}\left(\dfrac{-N + \pi R}{256\gamma_{\text{res}}}\right) \end{cases} \tag{2-3}$$

式中，ent 为取整符号。

将式(2-3)与式(2-1)、式(2-2)联立，得瓦片坐标与球面经纬度坐标的换算公式为

$$\begin{cases} i = \text{ent}\left(\dfrac{\lambda + \pi}{2\pi} \cdot 2^n\right) \\ j = \text{ent}\left(\dfrac{-\ln[\tan(\pi/4 + \varphi/2)] + \pi}{2\pi} \cdot 2^n\right) \end{cases} \tag{2-4}$$

3) 瓦片 URL 地址分析

Google Maps 提供影像瓦片下载服务的服务器有两类：mt 和 khm。mt 服务器能提供普通地图、卫星影像以及包含道路、界线信息的合成地图下载服务，khm 服务器仅提供卫星影像下载服务。通过构造统一资源定位器(uniform resource locator，URL)进行 Google Maps 影像瓦片定位，首先需要了解瓦片 URL 各字段的含义。Google Maps 影像瓦片 URL 地址格式举例如下：

http://mt1.google.cn/vt/lyrs=h@167&hl=en&src=app&x=216&y=94&z=8&s=Galile(以下简称 URL1)。

http://khm0.google.com/kh/v=140&src=app&x=216&y=94&z=8&s=Galile(以下简称 URL2)。

以 URL1、URL2 为例,对瓦片 URL 各关键字段含义进行测试,测试结果见表 2-1。

表 2-1　Google Maps 影像瓦片 URL 字段含义

字段	含义	可否缺省
mt1	mt 表示 Google Maps 服务器;数字表示服务器编号,取 0~3	否
vt	mt 服务器存储瓦片数据的文件夹	否
lyrs=h@167	lyrs 表示图层;等号后面的字母表示不同的图层,h 为标注图层,s 为无标注卫星影像,y 为有标注卫星影像,m 为底层地图,r 为道路、河流等图层,p 为等高线图层;@后的数值表示不同的标注字体	否
hl=en	hl 表示标注语言种类,en 为英语,zh-cn 为简体中文	是
src=app	兼容环境	是
x=216	瓦片 x 坐标	否
y=94	瓦片 y 坐标	否
z=8	瓦片缩放等级	否
s=Galile	s 取值共有八个字符:Galileo 和空字符,含义暂不明确	是
khm0	khm 表示 Google Maps 服务器;数字表示服务器编号,取 0~3	否
kh	khm 服务器存储瓦片数据的文件夹	否
v=140	影像版本号	否

明确 Google Maps 影像瓦片 URL 各字段含义就可以根据需要来构造 URL 地址,并通过 libcurl 库(应用于客户端的开源多协议文件传输库)进行下载,下载技术可以参考 libcurl 库官方说明文档。

4) 多线程下载策略

为了平衡用户请求,Google Maps 的 mt 服务器和 khm 服务器各设置 4 台,对于高分辨率的瓦片,其数量巨大,要实现高速下载,宜采用多线程技术。由于不同线程链接的服务器可能不同,下载速度也存在差异,如果直接将任务均分给 n 个线程,则必然使某一线程成为瓶颈。因此,设计一种"能者多劳"的多线程下载任务分配方式,首先将待下载的瓦片地址计算好。假设有这样一个"任务池",将每个瓦片下载看成一个"任务"，将计算好的瓦片放入"任务池"中，当一个线程开始执行或是完成了上一个下载任务时，就会主动向"任务分派模块"发送任务请求，然后由"任务分派模块"从"任务池"中获取任务，如果获取成功，则将任务信息发送给该线程，并将该"任务"从"任务池"中删除，如果"任务池"中没有任务了，则向该线程发送终止运行消息，线程正常退出，不再执行任务，直至最后一个线程正常退出，向系统发送下载完成消息，否则发送异常退出消息，并记录在下载日志文件中。瓦片多线程下载示意图如图 2-10 所示。

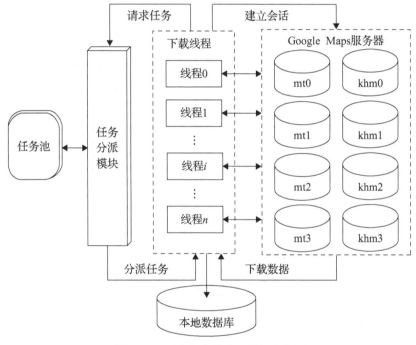

图 2-10　瓦片多线程下载示意图

下载完成后为影像瓦片指定一个唯一索引标记 Key，并将其作为该瓦片的文件名。Key 的生成规则为：Key= Xi_Yj_Ln，n 为缩放等级，i、j 为瓦片索引坐标。

2. Google Maps 影像瓦片与高程数据配准

1) 快速配准

下载的 Google Maps 影像瓦片需要与 SRTM 或 GDEM 高程数据进

行配准，并经重投影后才能应用于选线系统的三维地形环境建模。SRTM3 DEM 和 ASTER GDEM 两种高程数据的基准及投影方式一致，因此仅选用 SRTM3 DEM 数据进行测试。

由于 Google Maps 使用的是 Web 墨卡托投影，这是一种非等长的投影方式，在高纬度南北方向的长度变形非常大，投影网格横纵比不为 1。而 SRTM3 DEM 数据属于全球等间隔经纬度划分的格网 DEM，采用的是一种十进制度的投影方式，网格横纵比为 1。其投影公式为

$$
\begin{aligned}
E_\lambda &= \lambda \\
N_\varphi &= \varphi
\end{aligned}
\tag{2-5}
$$

由于 Google Maps 影像和 SRTM3 DEM 采用相同的参考椭球，根据两者投影公式可以知道，两者经度在横向上的变化是线性一致的，要将 Web 墨卡托投影下的影像变换到十进制度投影下，实际上是让纬度在纵向上也呈线性关系，并且保证横纵比为 1。因此，根据 Web 墨卡托投影特性，需要对影像在纵向上进行非线性压缩，变换示意图如图 2-11 所示。

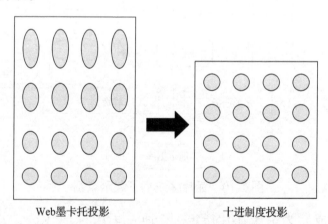

Web墨卡托投影　　　　　　　　　十进制度投影

图 2-11　Web 墨卡托投影到十进制度投影的变换示意图

通过逐像元重采样的方式进行非线性压缩，计算量将非常巨大。为此，借用分治法的思想，把全局影像数据的投影压缩问题转换为局部影像数据的投影压缩问题，并在局部范围内直接采用线性压缩代替非线性压缩。算法设计的思想是：寻找待压缩影像需满足何种条件，可以使得线性压缩后的像素间距误差与非线性压缩后的像素间距误差

的差值保持在一定的范围内。

　　首先定义相对位置 C 为影像上某点的纵坐标与影像底边纵坐标的差和整个影像纵向长度的比值，为无量纲量。

　　设压缩前影像上点 P 的相对位置为 C_P，线性压缩后为 C_{Pl}，非线性压缩后为 C_{Pn}。根据投影原理，有

$$C_{Pl} = \frac{N_P' - N_1'}{N_2' - N_1'} = \frac{N_P - N_1}{N_2 - N_1} = C_P \tag{2-6}$$

$$C_{Pn} = \frac{N_P' - N_1'}{N_2' - N_1'} = \frac{\varphi_P - \varphi}{\Delta\varphi} = f(C_P, \varphi, \Delta\varphi) \tag{2-7}$$

式中，参数如图 2-12 所示，N_1、N_1' 为压缩前、后影像底边的纵坐标；N_2、N_2' 为压缩前、后影像顶边的纵坐标；N_P、N_P' 为压缩前、后影像上点 P 的纵坐标；φ_P 为 P 点的纬度，$\varphi_P = 2\arctan \mathrm{e}^{x_P/R} - \frac{\pi}{2}$；$\varphi$、$\Delta\varphi$ 为压缩前影像底边的纬度以及影像的纬度差。

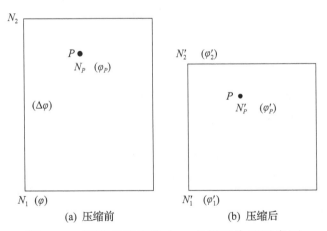

(a) 压缩前　　　　　　　(b) 压缩后

图 2-12　压缩前后影像上 P 点相对位置示意图

　　使用线性变换与非线性变换相对位置间的差值表示两种变换间的误差，假设相对位置误差为 E_{ec}，计算方法如下：

$$E_{ec} = C_{Pn} - C_{Pl} = f(C_P, \varphi, \Delta\varphi) - C_P = F(C_P, \varphi, \Delta\varphi) \tag{2-8}$$

E_{ec} 对 C_P 求偏导，并令其为 0，则有

$$\frac{\partial E_{ec}}{\partial C_P} = \frac{\partial F(C_P, \varphi, \Delta\varphi)}{\partial C_P} = 0$$

该方程存在解析解，利用 Mathematica 软件求解可得

$$
\begin{aligned}
C_P = \ln\Bigg[&-\Bigg(\left\{ 2\ln\left[\tan\left(\frac{\pi}{4} + \frac{\varphi}{2}\right) \right] - 2\ln\left[\tan\left(\frac{\pi}{4} + \frac{\Delta\varphi + \varphi}{2}\right) \right] \right\} \tan\left(\frac{\pi}{4} + \frac{\varphi}{2}\right) \\
&+ \sqrt{-4\Delta\varphi^2 \tan^2\left(\frac{\pi}{4} + \frac{\varphi}{2}\right) + \left\{ -2\ln\left[\tan\left(\frac{\pi}{4} + \frac{\varphi}{2}\right) \right] + 2\ln\left[\tan\left(\frac{\pi}{4} + \frac{\Delta\varphi + \varphi}{2}\right) \right] \right\}^2 \tan^2\left(\frac{\pi}{4} + \frac{\varphi}{2}\right)} \Bigg) \\
&\Big/ (2\Delta\varphi) \Bigg] \Big/ \left\{ \ln\left[\tan\left(\frac{\pi}{4} + \frac{\varphi}{2}\right) \right] - \ln\left[\tan\left(\frac{\pi}{4} + \frac{\Delta\varphi + \varphi}{2}\right) \right] \right\}
\end{aligned}
$$

从上式可知，C_P 是关于 φ、$\Delta\varphi$ 的函数，令 $C_P = C(\varphi, \Delta\varphi)$，将 C_P 代入式 (2-8) 得

$$E_{ec} = F(C_P, \varphi, \Delta\varphi) = F(C(\varphi, \Delta\varphi), \varphi, \Delta\varphi) = E(\varphi, \Delta\varphi) \tag{2-9}$$

由式 (2-9) 可知，相对位置误差 E_{ec} 是仅关于纬度差 $\Delta\varphi$ 和纬度 φ 的函数。

假设压缩前影像高度为 H_{src}，压缩后影像高度为 H_{tar}，将 E_{ec} 换算成以像素为单位的误差，设为 E_{ep}，则有

$$E_{ep} = E_{ec} \cdot H_{tar} = E(\varphi, \Delta\varphi) \cdot H_{tar} \tag{2-10}$$

式中，$H_{tar} = \Delta\varphi / \gamma_{resrad}$，$\gamma_{resrad} = (N_2 - N_1)/(RH_{src})$，是以弧度为单位计算的影像分辨率。

当 $|E_{ep}| < 0.5$ 时，线性压缩与非线性压缩误差不会超过一个像元单位，认为可以利用线性压缩代替非线性压缩。Google Maps 影像瓦片大小恒定，为 256 像素×256 像素，所以 $H_{src} = 256$，令 $|E_{ep}| = 0.5$，利用 Mathematica 软件绘制该隐式函数的曲线，如图 2-13 所示。

由图 2-13 可知，对于 Google Maps 影像瓦片，在低纬度区域，或者待压缩瓦片上下边的纬度差小于 0.8°时，即图 2-13 中曲线与两坐标

轴围成的区域，可以采用线性压缩代替非线性压缩。根据 Web 墨卡托投影特性，经过赤道线瓦片的纬度差最大，经过赤道的第 n 级瓦片有 $\Delta\varphi_n < 360°/2^n$，令 $360°/2^n < 0.8$，则 $n > \log_2(360/0.8) \approx 8.81378$，取整等于 9。

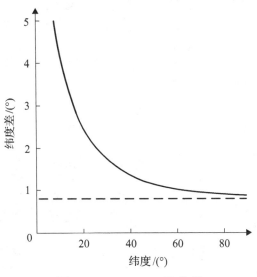

图 2-13　$|E_{ep}|=0.5$ 的曲线

　　对于 Google Maps 影像瓦片，缩放等级大于 9 级后，即可采用线性压缩方法代替逐像元计算的非线性压缩方法。由于 9 级瓦片的分辨率较低，对于实际工程意义不大，应用于数字化选线设计系统中通常下载影像级别在 16 级及以上，因此完全可以采用线性压缩方法以提高影像配准速度。

　　2) 瓦片拼接及重投影

　　瓦片拼接与重投影工作相对比较简单，在影像和高程数据配准后，通过地理空间数据抽象库(geospatial data abstraction library，GDAL)进行实现。

　　选取西部某铁路某段范围，分 3 个条带区域下载了瓦片等级为第 19 级的影像数据，影像分辨率可达 0.4m 左右。下载的影像瓦片如图 2-14 所示，拼接重投影后的影像如图 2-15 所示。将影像图区域局部放大，可以清晰地看见房屋、道路、水系等，如图 2-16 所示。

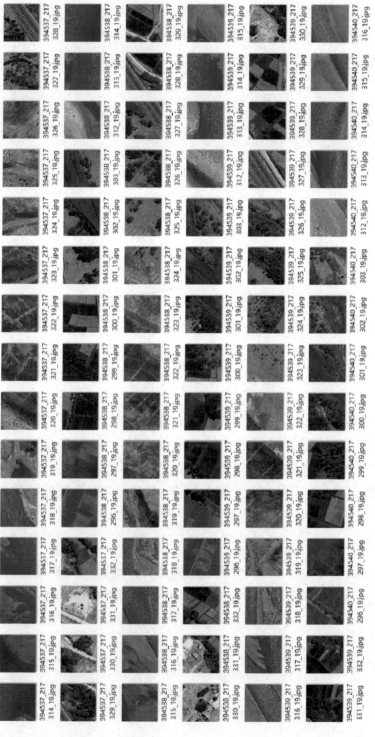

图 2-14　下载的影像瓦片

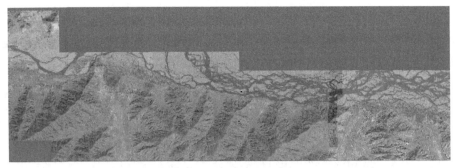

图 2-15　拼接重投影后的影像

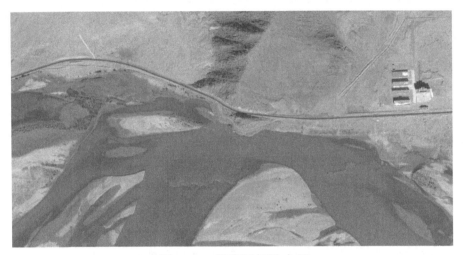

图 2-16　影像局部放大图

2.2　长大带状三维地形环境建模

2.2.1　地形建模算法设计

　　地学领域针对三维地形的建模算法已经相对比较成熟，关键是结合专业领域的特点开展改进或应用研究。早期的经典算法主要围绕着如何实现海量地形数据的实时绘制与可视化、地形网格的多细节层次简化(levels of detail, LOD)算法开展[32-44]。基于 GPU 的地形 LOD 算法涉及的经典算法主要有 GeoMipMap 算法[45]、Geometry Clipmaps 算法[46]和 Chunked LOD 算法[47]等。

　　Chunked LOD 算法的核心是构建一个静态、事先计算好的四叉树，树上的每个节点包含一个地形块(chunk)，每个 chunk 是一个静态的三角形面片簇，可以快速送入 GPU 渲染。四叉树的根节点地形块分辨率最低，自上而下，每个父节点由四个子节点组成，地形块分辨率逐步增加，底部叶节点地形块分辨率最高。该算法对基于外存的数据调度、裂缝消除、纹理处理等方面也给出了比较实用的处理技巧，适用于海量地形数据的建模与可视化。

用于铁路选线的三维地形环境模型一般需具有如下几个特点：①采用海量真实地形数据；②地形呈长大带状；③设计、施工图阶段要求地形数据精度高，需要顾及地形特征；④地形环境能动态浏览并具备良好的交互性，能满足大范围铁路三维场景动态仿真与漫游的需要；⑤地形建模和选线设计过程可以分离，地形支持预处理。

因此，根据铁路选线地形的特点，在借鉴已有的分块 LOD 算法基础上，研究一种适合线路三维设计与场景漫游的长大带状地形分块 LOD 算法。算法设计思想如下：

(1)地形分块。针对带状海量离散点云地形数据，设计一种基于规则格网划分的带状地形分块算法。通过图幅旋转后再分块，减少带状地形的底层分块数，从而在分块格网间距大小相等的情况下,减小 LOD 深度；将每个分块格网划分为无效格网、边界格网、内部格网三种，对无效格网进行丢弃，确保只处理带状范围的地形。

(2)地形分层。设计基于 TIN 的离散点抽稀算法，对分块格网的地形点进行保持特征的抽稀操作。

(3)地形构网。地形分块数据采用顾及特征的约束 Delaunay 三角形构网，相比传统的以规则格网构网的分块 LOD 算法，在保存地形特征的情况下可减少构网顶点数，尤其在构网边界地区和平坦地区，从而有助于提高地形绘制速度。

(4)影像纹理处理。使用 GDAL 技术对海量影像进行处理，在小的内存空间内实现了大影像纹理分块、影像拼接和影像金字塔的构建；同时通过影像纹理 MipMap 技术、纹理 dds 压缩格式的使用，在增加纹理级别的情况下，减少纹理的存储容量，从而减少最后地形块模型的存储空间。

(5)地形块模型构建。将分块分层地形 TIN 模型与对应的纹理数据以一体化的二进制模型文件输出，形成地形块模型(chunks)，相比传统 Chunked LOD 算法，其节约了存储空间，并能充分利用 GPU 进行批处理运算。

(6)地形数据管理。基于海量地形外存管理的指导思想，设计地形块模型的 Oracle 数据库存储方案，建立高效的地形分页数据库。相比传统的文件系统地形存储方案，其在数据安全、并发操作、网络地形传输、地形块数据检索与查询等方面具有优势，适用于多用户协同设计。

(7)地形块调度。设计一种基于 Oracle OCI 技术的地形块模型调度与组织方法，采用地形预取与多线程调度处理，实现三维地形环境的实时动态浏览。

建模算法分为预处理和实时调度渲染两个阶段，将带状地形离散点分块、影像纹理处理、地形块构建、地形块索引生成直到地形块文件入库等操作放在预处理阶段完成，将地形块文件出库、多线程调度到最后多分辨模型的绘制显示等操作放在实时调度渲染阶段完成。整体建模算法流程如图 2-17 所示。

2.2.2　基于海量离散点的大型带状数字地形建模方法

1. 制定数据分块分层规则

采用等间隔划分方法对离散点数据进行分层分块组织。根据海量带状地形的特点，制定如下规则。

规则一：只对最底层离散点 DEM 进行分块，形成最底层子块 DEM，分块顺序从左到右、从下到上。

规则二：规定最底层为第 0 层，第 $k+1$ 层的父块(相对四叉树组织下的四个子块而言)DEM 数据通过抽稀算法，按照四叉树组织方式采样于第 k 层对应的四个子块 DEM 数据,组织顺序从左到右、从下到上。

规则三：第 $k+1$ 层的父块 DEM 含有的离散点数是第 k 层四个子块 DEM 含有的离散点数的 1/2。

规则四：DOM 分块与 DEM 分块一一对应。

规则五：第 $k+1$ 层 DOM 的分辨率为第 k 层 DOM 分辨率的 1/2。

规则六：地形 LOD 级别同时取决于数据范围和纹理图像的分辨率。

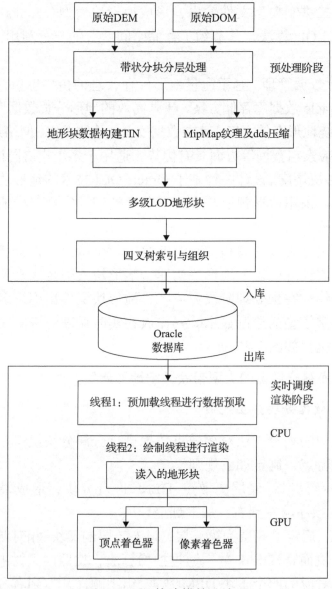

图 2-17　整体建模算法流程

　　上述规则的约定是地形分块 LOD 算法实现的前提,后面具体的算法实现中将对规则进行运用与解释。

　　2. 带状离散点 DEM 分块处理

　　在预处理阶段对建模的离散点 DEM 进行分块处理。分块前先对获取的原始带状地形数据进行图幅旋转,以减少分块数。如图 2-18(a) 所示,DEM 数据全部绕 P 点顺时针旋转 α 角度,使得图幅边界矩形两边分别与 X、Y 轴平行,在同样分块大小情况下,分块记录从 35 块减少到 16 块,有利于减少 LOD 深度。图幅旋转后分块如图 2-18(b) 所示。

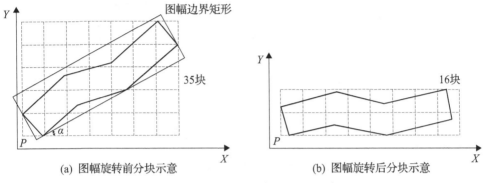

(a) 图幅旋转前分块示意   (b) 图幅旋转后分块示意

图 2-18   地形图幅旋转分块示意

离散点分块处理示意如图 2-19 所示。

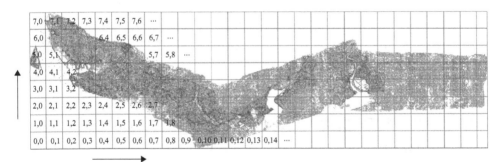

图 2-19   离散点分块处理示意

根据地形 DEM 散点平面分布特征,空间离散三维点数据可退化至平面分块处理。在描述分块算法步骤前,先定义算法用到的顶点、边和格网的类型,如图 2-20 所示。

图幅边界矩形(DEMGrid):在 XY 平面上,地形 DEM 数据的最小外包矩形。

分块格网(ChunkGrid):按照等间隔划分确定的分块地形网格,边长定义为 GridDist,格网的四条边从左下角点开始按逆时针顺序定义为 Edge0、Edge1、Edge2、Edge3。

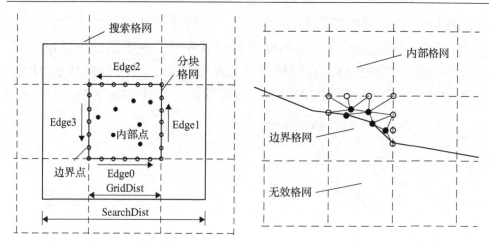

图 2-20　算法定义的顶点、边和格网类型

无效格网（voidGrid）：格网内部点 InnerPoint 为空的 ChunkGrid。

边界格网（boundaryGrid）：格网内部点 InnerPoint 非空的 ChunkGrid 且 ChunkGrid 四个角点至少有一个角点在带状地形范围内定义为边界格网。

内部格网（innerGrid）：格网内部点 InnerPoint 非空的 ChunkGrid 且 ChunkGrid 四个角点全部在带状地形范围内定义为内部格网。

搜索格网（SearchGrid）：用于搜索 ChunkGrid 外部一定范围的离散地形点所使用的矩形，其边长定义为 SearchDist；其作用是构造小范围的三角网，从而求解边界点是否落在三角网内，对落在三角网内的边界点内插高程值。

格网内部点（InnerPoint）：落入 ChunkGrid 内部的地形离散点，如图 2-20 中黑色实心点所示。

格网边界点（EdgePoint）：当 ChunkGrid 为 innerGrid 时，格网边界点按照地形采样间隔 d，等间隔从左下角点开始，按逆时针顺序在 Edge0→Edge1→Edge2→Edge3 插入的点，其平面 X、Y 坐标已知，高程 z 值利用搜索格网内部点构网求解，如图 2-20 中空心圆点所示。当 ChunkGrid 为 boundaryGrid 时，地形块边界点需要在有效内插点基础上根据构建 TIN 算法搜索得到。EdgePoint 组成的多边形就是 TIN 的凸壳。

依据定义的分块规则，带状 DEM 分块算法设计如下：

(1)确定地形分块相关参数。

首先，根据地形分块格网间距阈值 min_distsize 和纹理分块阈值 max_imagesize，确定合适的地形分块格网边长 GridDist 的大小；GridDist 的值必须满足以下两个基本原则：

① GridDist ≥ min_distsize。

② 根据 GridDist 计算的分块纹理尺寸 ImageDist ≤ max_imagesize。

min_distsize 的值一般根据离散点采样间隔 d 或数据密度进行设定，采样间隔在地形数据采集时给出，数据密度可以根据图幅边界矩形 DEMGrid 的面积除以点的数目近似求解；max_imagesize 的值一般取底层最大分块纹理像素尺寸 256。

然后，根据图幅边界矩形 DEMGrid 的长 nDemSizeX、宽 nDemSizeY 与格网边长 GridDist，分别计算长度和宽度方向分块数 nxNums 和 nyNums，[]₊代表向下一位取整。

nxNums=[nDemSizeX/d]₊;　　//计算列方向上块数

nyNums=[nDemSizeY/d]₊;　　//计算行方向上块数

对于 SearchDist 的大小，初步设定为 2 倍的 GridDist，在求解过程中可根据 ChunkGrid 中的离散点疏密情况动态调整。

（2）ChunkGrid 的类型初判断，剔除无效格网区域。

根据步骤（1）计算的 GridDist、nxNums、nyNums 和 DEMGrid 的左下角点坐标 Pdem(xdem,ydem)，计算 ChunkGrid 的角点坐标范围。根据 DEMGrid 和 ChunkGrid 的相交情况，先进行 ChunkGrid 类型的初步判断。两者不相交且 ChunkGrid 的四个角点都不在 DEMGrid 内，标记为 voidGrid；若为 voidGrid，则循环处理步骤（2），否则，执行步骤（3）。

（3）InnerPoint 的确定。

对读入的普通离散点或特征点，与当前循环中的 ChunkGrid 角点坐标进行 x、y 坐标值大小比对，确定落入 ChunkGrid 中的内部点集。如果内部点数目为 0，则进一步判定该 ChunkGrid 为 voidGrid，返回步骤（2），循环执行下一个 ChunkGrid，否则，继续执行步骤（4）。

（4）EdgePoint 的确定。

以当前循环中的 ChunkGrid 中心点 $P_o(x_o,y_o)$ 为中心、SearchDist 为边长构建一个 SearchGrid，根据落入 SearchGrid 的地形散点，构建 TIN；根据 ChunkGrid 的左下角点坐标 $P_G(x_G,y_G)$ 和采样间隔 d，按照

从 P_G 开始，以 d 为步长，以 Edge0→Edge1→Edge2→Edge3 为先后顺序，计算 ChunkGrid 的格网边界点，分别在 SearchGrid 的 TIN 中内插出高程；当四个角点有任意一点高程值为无效值时，标记该 ChunkGrid 为 boundaryGrid，否则，为 innerGrid。

（5）将 boundaryGrid 和 innerGrid 的边界点和内部点分别保存，构网待用；跳转至步骤（2）循环处理，直到完成分块计算。

通过上述步骤，完成了带状地形的格网分块，接下来还要对分块后的离散点进行抽稀，形成地形 DEM 金字塔模型。

3. 带状离散点 DEM 分层处理

1）离散点 DEM 抽稀算法

针对离散点 DEM 的抽稀算法主要有非选择性数据抽稀算法和选择性数据抽稀算法。非选择性数据抽稀算法是指以一定的抽稀规则，无区别均匀地去除掉一部分数据点的方法，如抽稀原则可以为每隔 n 个点去除一个点[48]。这种算法的特点是实现简单、处理速度快，但是无区别地对待每个数据点的做法将导致无法很好地保持地形特征。选择性数据抽稀算法则与之相反，处理较复杂，但是地形特征信息保持良好，主要算法有基于 TIN 的抽稀算法和基于邻近距离、高差、坡度等的抽稀方法，前一种方法保持地形特征的能力更好。鉴于研究的分块地形的特点，EdgePoint 是按等间隔加密的公共边点 InnerPoint 为原始离散点，拟采用两种方法混合的抽稀算法，在对 EdgePoint 简化时使用隔点去点规则的非选择性抽稀算法，对 InnerPoint 简化时使用基于 TIN 的数据抽稀算法。算法描述如下：首先对待抽稀地形块的 EdgePoint 从左下角起点开始每隔一个点抽稀一个点，形成新的边界点；然后开始 InnerPoint 的抽稀，对待抽稀地形块的所有点构建 TIN，计算各个顶点（不包括特征点和边界点）到其邻接平面的距离 D，并按照从小到大的顺序排序。然后设定距离阈值，如果某个顶点的 D 值小于距离阈值，则去除该点，循环处理至结束。

该算法处理的关键在于顶点到其邻接平面距离的计算。顶点 P 的邻接平面如图 2-21 所示，是指由顶点 P 所有邻接三角形（图 2-22）的法向量 n_i、三角形中心 o_i 和面积 s_i 形成的法向量 N_P 和中心 O_P 所构造的平面。

$$N_P = \frac{\sum n_i s_i}{\sum s_i}, \quad O_P = \frac{\sum o_i s_i}{\sum s_i}, \quad i = 0,1,2,\cdots,m \qquad (2\text{-}11)$$

式中，m 为邻接三角形的总数。

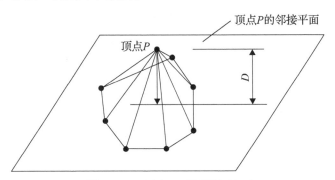

图 2-21　顶点 P 的邻接平面

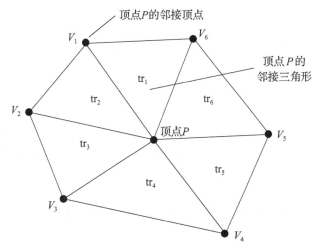

图 2-22　顶点 P 的邻接三角形

那么顶点 P 到其邻接平面的距离 D 按式(2-12)计算：

$$D = \left| \overline{n} \cdot (\overline{p} - \overline{o}) \right| \qquad (2\text{-}12)$$

式中，$\overline{p}$ 为点 P 的单位法向量；$\overline{n}$ 为点 P 邻接平面的单位法向量；$\overline{o}$ 为点 P 邻接平面的中心。

2）离散点 DEM 分层简化策略

根据分层分块制定的基本规则二，在对离散点 DEM 分层简化时，第 $k+1$ 层的父块 DEM 数据通过抽稀算法，按照四叉树组织方式采样于第 k 层对应的四个子块 DEM 数据，组织顺序从左到右、从下到上，如图 2-23 所示，第 $k+1$ 层以 (0,0) 命名的 ChunkGrid 离散点数据简化自第 k 层 (0,0)、(0,1)、(1,0)、(1,1) 四个 ChunkGrid 子块数据。

图 2-23　分层简化策略示意图

根据分层分块制定的基本规则三，第 $k+1$ 层的父块 DEM 含有的离散点数是第 k 层四个子块 DEM 含有的离散点数的 1/2。这条规则给出相邻层分层简化的终止条件，假设第 k 层的四个子块 DEM 离散点总数为 N，则取第 $[N/2]_+$ 个点的 D 值为距离阈值。

有了上述两条规则约束，带状地形的分层简化就完成了。需要注意的是，按照抽稀算法在处理分层的过程中，需要根据第 k 层的四个 ChunkGrid 子块边界点抽稀后形成第 k 层的新 ChunkGrid 父块边界点。

DEM 分块分层完成后，采用 Delaunay 三角网构网单独构建每个分块地形模型即可。

2.2.3　基于海量影像信息的真实感地形环境建模方法

1. 海量影像信息处理

1）影像分块处理

三维真实感地形环境由三维数字地形与真实地形影像融合而成，地形块 TIN 构网后还需要以 DOM 为纹理，进行纹理映射形成地形块模型，因此需要对影像数据也进行分块分层，构建影像金字塔。采用 GDAL 开源库进行海量栅格影像读取与处理。GDAL 主要使用 RasterIO 函数对数据进行读写操作，可以实现栅格影像的分块、拼接、重采样等操作。以纹理分块为例，假设待分块的影像纹理为 DOMTex，分块纹理为 ChunkTex，算法流程描述如下：

(1) 使用 GDALAllRegister 函数进行注册，初始化 GDAL。

(2) 注册 tif 文件驱动，定义 GDAL 数据集 GDALDataset *gdalDataSet，用于读取 DOMTex 数据。

(3) 使用 GDALOpen 函数打开影像纹理数据，读取 x、y 方向尺寸信息 nSizeX 和 nSizeY，并使用 GetGeoTransform 获取 DOMTex 的地理坐标信息矩阵 adfGeoTransform[6]，其中 adfGeoTransform[0] 和 adfGeoTransform[3] 代表左上角实际地理坐标。

(4) 设置分块大小，参数计算与 DEM 分块一致，分块数目记录为 nxNums 和 nyNums。

(5) 根据分块数目 nxNums 和 nyNums 循环处理，计算该 ChunkTex 在 DOMTex 内的左上角像素坐标 (nxoff,nyoff)（每块图像的左上角像素坐标定义为 (0,0)），使用 RasterIO 函数将 (nxoff,nyoff) 设置为起始读取参数，在 DOMTex 中读入该 ChunkTex 的数据 pData。

(6) 根据 DOMTex 地理坐标信息矩阵 adfGeoTransform[6] 和 ChunkTex 的位置信息，计算该 ChunkTex 的地理坐标信息矩阵 adfsubGeoTransform[6]。

(7) 定义新的 GDAL 数据集 poDataset，用于创建 tif 子块文件，并使用 RasterIO 函数设置为写入模式，写入地理坐标信息矩阵 adfsubGeoTransform[6] 和步骤 (5) 中读取的 pData 数据。

(8) 回到步骤 (5) 循环处理，直到所有子块处理完成为止。

采用该方法进行地形分块处理，无论地形文件有多大，分块操作时系统内存开销都很小，并且运行稳定，计算速度快。影像纹理拼接、重采样处理过程类似。

2）MipMap 纹理技术应用

要建立具有逼真显示的三维地形环境，应尽量采用真实的、具有高分辨率且颜色丰富的影像纹理，但这样会增加计算机内存开销。另外，在地理环境建模系统中考虑到影像纹理的实际映射效果，并不需要一直采用高清影像纹理进行映射，尤其在观察远景地形时。多级纹理映射(MipMap)技术原理就是：当观察者距离较远时，采用低精度的影像纹理，当观察者距离较近时，采用高精度的影像纹理，影像纹理的精度每级减小为原来的1/2，从初始影像纹理到最小分辨率影像纹理一直递减，形成 MipMap 纹理，最小分辨率纹理大小为 1 像素×1 像素。使用 MipMap 纹理比用单纯某一种纹理能产生更真实的渲染效果。

常见的三维渲染引擎 OpenGL 和 Direct3D 都能很好地支持多级纹理的自动创建，但是 OpenGL 和 Direct3D 创建 MipMap 纹理的效率较低，研究采用高级三维图形渲染引擎 OSG 进行 MipMap 纹理的创建和纹理文件 DXT 压缩，从而形成地形多级纹理。纹理创建和压缩流程如图 2-24 所示。

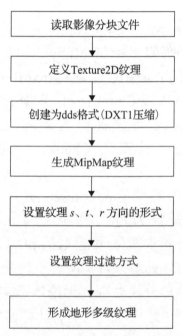

图 2-24　纹理创建和压缩流程

2. 地形块四叉树索引生成

将分块多级纹理映射到地形块 TIN 模型上，即形成了多级地形块 chunk 模型，此时还需要对每个地形块 chunk 建立索引，才能在实时绘制阶段进行索引调度。

1) 地形块 chunk 索引计算

每一个地形瓦片都可以通过 LOD 级数 i 和行列号 j、k 唯一确定，其索引 Key 为如下字符串，即地形块 chunk 的最后命名字符串。

$$\text{Key} = \text{L}i\_\text{X}j\_\text{Y}k, \quad i = 0, 1, 2, \cdots, n; j, k \in \mathbf{N} \tag{2-13}$$

式中，n 为最大 LOD 级数，$n = \sqrt{\max(\text{nDemSizeX}, \text{nDemSizeY}) / \text{GridDist}}$，结果取整。

通过唯一索引 Key 对地形块 chunk 进行读取。

2) 地形块 chunk 地理坐标与索引的关系

已知最底层地形左下角平面坐标为 $P_{\text{dem}}(x_{\text{dem}}, y_{\text{dem}})$，分块大小为 GridDist。假设当前索引为 $\text{L}i\_\text{X}j\_\text{Y}k$，计算该索引地形块 chunk 左下角平面地理坐标 $P_{\text{G}}(x_{\text{G}}, y_{\text{G}})$。

$$\begin{cases} x_{\text{G}} = x_{\text{dem}} + k \times (\text{GridDist} / 2i) \\ y_{\text{G}} = y_{\text{dem}} + j \times (\text{GridDist} / 2i) \end{cases} \tag{2-14}$$

选线应用时选用最底层的地形块作为计算和分析的数据源，当已知某点地理坐标时，可以快速求解出最底层地形块 chunk 的索引号。例如，已知平面点 (x, y)，其所在地形块的索引行列号为

$$\begin{cases} j = \text{ent}[(x - x_{\text{dem}}) / \text{GridDist}] \\ k = \text{ent}[(y - y_{\text{dem}}) / \text{GridDist}] \end{cases} \tag{2-15}$$

式 (2-15) 计算结果取整，最底层地形块 chunk 索引号为 $\text{L}0\_\text{X}j\_\text{Y}k$。

如果求解的是第 i 层的地形块 chunk 索引号，根据式 (2-14) 反算，结果取整即可。

3) 四叉树索引的建立

四叉树是一种每个非叶节点最多只有四个分支 (或称叶子) 的树形结构，也是一种层次数据结构，其特性是能够实现空间递归分解。图 2-25 为四叉树结构示意图，其中矩形符号代表叶节点，圆形符号代表非叶节点。

当地形块的索引编码完成后，考虑对上下层的地形块 chunk 进行

四叉树组织，即父子节点如何建立索引关系。

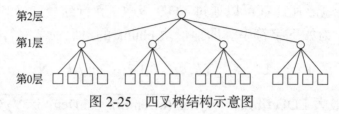

第2层

第1层

第0层

图 2-25　四叉树结构示意图

首先规定四叉树的层编码与地形分层分块编码保持一致，即四叉树的底层对应金字塔的底层。每个底层地形块 chunk 都是一个单独的叶节点，四叉树编码组织如图 2-26 所示。考虑到带状地形分块时，存在无效地形区域，此处父节点下允许为空。地形块 chunk 自底向顶建立索引。

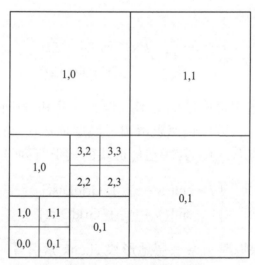

图 2-26　四叉树编码组织

父节点与子节点的索引关系可以表示为

$$F_j = \mathrm{ent}(S_j / 2), \quad F_k = \mathrm{ent}(S_k / 2) \tag{2-16}$$

式中，F_j、F_k 分别为父节点行号和列号；S_j、S_k 分别为子节点行号和列号。

一般为四个子节点对应一个父节点，为空或不足四个子节点时，索引建立方式依然不变。根据父节点求解其包含的子节点索引。

左下角子节点：

$$S_j = F_j \times 2, \quad S_k = F_k \times 2 \tag{2-17}$$

右下角子节点：

$$S_j = F_j \times 2, \quad S_k = F_k \times 2+1 \tag{2-18}$$

右上角子节点：

$$S_j = F_j \times 2+1, \quad S_k = F_k \times 2+1 \tag{2-19}$$

左上角子节点：

$$S_j = F_j \times 2+1, \quad S_k = F_k \times 2 \tag{2-20}$$

3. 裂缝消除

若相邻分块选择不同精细程度的网格结构,则共享边界的某些顶点仅存在于精细程度高的分块网格上，这会导致裂缝的产生。一类常用的裂缝消除技巧是基于局部拓扑操作，如在精细程度低的分块网格上添加边界顶点，使共享边界的顶点分布和精细程度高的分块网格的边界顶点分布保持一致；或消除精细程度高的分块网格的部分边界顶点，使共享边界的顶点分布和精细程度低的分块网格的边界顶点分布保持一致。此类策略的共同缺陷是在绘制时需要对分块网格的边界区域进行动态更新，并破坏了原有的三角形条带化结构。简单实用的办法是采用垂直排列的裙边界来消除裂缝。裙带网格的上边缘和分块网格的边界相匹配，下边缘则需要包络下列两种情形下分块网格的边界。

(1)最细的边界：分块 LOD 层次比当前层次高 2 时的分块网格边界。

(2)最粗的边界：分块 LOD 层次比当前层次低 2 时的分块网格边界。

裙带网格策略是保守的，它会产生较多的网格单元，但其优点是在预处理环节生成裙带网格后，绘制环节不再需要为裂缝消除进行复杂的更新操作，仅是在确定相邻分块的 LOD 层次时保证其差值不大于 2 即可。裙边界裂缝消除如图 2-27 所示。

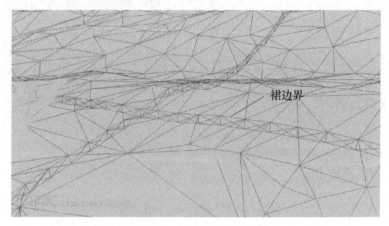

图 2-27　裙边界裂缝消除

2.2.4　三维地形实时调度与渲染

1. 实时调度准则

地形 TIN 模型的调度一般采用分辨率评价函数进行判断，它也是度量地形在渲染过程中应该采取何种分辨率的标尺。对于基于规则格网（regular square grid，RSG）的动态多分辨率算法，除需要考虑视点的位置外，还要兼顾地形本身的粗糙程度，才能决定当前地形模型应该使用的分辨率。这是因为 RSG 数据本身体现出来的地形特征不如 TIN 明显，实时渲染时，需要根据数据中每个节点记录的粗糙度信息，评价节点应该使用的分辨率。视点越近，地形越崎岖，需要的细节层次越高。相比基于 RSG 的动态多分辨率算法，本书基于 TIN 的分块 LOD 算法的最大特点就是渲染时不需要重新构网，而且 TIN 本身就能表现出丰富的地形特征信息，所以在评价地形模型应该使用的分辨率时，只需要考虑视点的位置即可。采用式（2-21）计算地形 TIN 模型应该使用的分辨率：

$$1/d < C \tag{2-21}$$

式中，d 为视点到观察点的距离；C 为一个可调节的 LOD 因子。

C 越大，地形细节越多，反之则越少。使用这种评价函数得到的地形分辨率能实现不同细节层次模型间的连续过渡，而且评价方法简单，基本上不占用 CPU 时间。

2. 地形块动态调度与渲染

由于选线三维地形场景规模大，分块地形文件多，采用 Oracle 对象关系型数据库对生成的 LOD 地形块 chunk 模型进行存储管理。每个地形模型文件都以二进制大对象 BLOB(binary large object)类型存储至数据库表中。地形模型数据库表结构采用地形数据索引 Key 作为主键。从数据库存取数据的方式有几种，如 Pro*C、ODBC(open database connectivity，开放数据库互连)和 Oracle 接口调用 OCI(oracle call interface)。由于 OCI 直接与通信接口联系，其效率最高。因此，在 OCI 基础上设计地形数据库引擎，该引擎包括地形模型文件管理和地形模型文件动态调度两大部分功能。管理功能主要是实现对地形模型数据库的创建、删除、插入、查询等操作。动态调度功能则负责地形模型的动态装载。采用数据动态调度机制也即数据分页技术，在显示当前视域中可见数据的同时，预判断下一步可能载入的数据，从而做出正确的数据加载和卸载处理，确保内存中始终维持有限的地形数据，并且不会因此造成场景浏览迟缓或信息丢失[49]。由于在海量地形浏览时，数据预测调度和场景绘制需要同时进行，因此利用操作系统的多线程能力，将数据预测调度和场景绘制分别采用两个独立的线程来完成。地形动态调度策略可以分解为以下几个功能进行描述，主要由数据预测调度线程完成。

(1)删除闲置过期的地形块。过期的地形块指的是长时间没有出现在可见区域内，并且常规情况下不会立刻出现的地形块。通过搜索机制，将检索到的过期地形块加入过期对象链表中，通过数据预测调度现场进行删除。

(2)获取新的地形块加载请求。

(3)编译加载的地形块，此时预编译地形块交给数据预测调度线程进行预编译。

(4)编译地形块加入场景，加入合并工作交给数据预测调度线程完成，最后绘制渲染工作由场景绘制线程完成。

　　利用算法生成的带状地形多分辨率 TIN 模型如图 2-28 所示，可以看出，边界也能很好地保持带状特征。

图 2-28　带状地形多分辨率 TIN 模型

　　通过四叉树索引组织，动态调度显示的多分辨率 LOD 地形，如图 2-29 和图 2-30 所示。

图 2-29　多分辨率 LOD 地形模型(线框显示模式)

图 2-30　多分辨率 LOD 地形模型(纹理映射显示模式)

2.3　三维地物建模

选线过程中经常需要查询线路周边的地物信息，分析线路与既有结构物的空间关系,进行冲突检测等。通过高分辨率 DOM 映射到 DTM 上，只能较清晰地反映这些地物的大致位置信息，不能表达它们准确的边界和相关属性信息，无法作为单独对象进行查询和分析。因此，考虑将这些地物从地形中分离出来，作为独立对象进行三维建模。铁路三维地理环境中的地物主要指线路经行区域的既有结构物或自然景物，重点包括房屋建筑、既有道路、河流等。

2.3.1　地物建模方法

1. 房屋建筑建模

铁路沿线的房屋建筑可以采用两种建模方法，对于周边居民区大量结构类似的房屋，进行统一抽象，使用结构实体几何表示(constructive solid geometry，CSG)法和边界表示(boundary representation scheme，BRep)法混合模式，建立典型房屋三维模型；对于沿线的个别复杂建筑物，利用商业化建模软件 AutoCAD 和 3ds Max 等来构建精细三维模型，模型输出后存储到模型库中。商业软件建模方法比较成熟，这里重点对典型房屋的三维建模进行描述。

典型房屋根据房屋底部边界线的形状可以分为矩形和多边形房屋，根据顶面的形式可以分为平顶、单坡顶、双坡顶、四坡顶房屋，乡镇房屋一般以平顶和双坡顶房屋居多。多边形房屋按照 CSG 法进行几何形体的初步分解，按照 BRep 法进行细部划分和描述，一个多边形房屋可以由多个矩形体组成。

平顶矩形房屋的几何建模主要通过房屋底部边界线按照一定高程拉升得到。多边形房屋则通过矩形房屋体素组合而成，建模流程描述如下：

（1）提取房屋建模信息，对房屋进行体素初步分解，多边形房屋分解为矩形房屋块，对于有廊台的房屋，廊台也作为矩形房屋块处理。

（2）每个矩形房屋块由墙面和屋顶组成，根据提取的几何信息和屋顶类型，分别对墙面和屋顶进行三角剖分和纹理映射，形成几何体。其中屋顶的高程采用多边形角点平均高程加上该矩形房屋块的高度。

（3）对每个矩形房屋块形成的几何体进行交并处理，形成典型房屋模型。

典型房屋建模流程如图 2-31 所示。

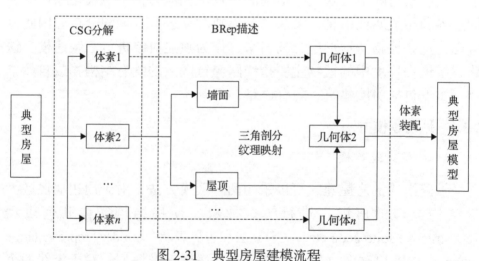

图 2-31　典型房屋建模流程

2. 既有道路、河流等带状地物建模

该类地物依附于地形表面，覆盖地形较长，其特点是在地形图上

有明确的边界，且道路等带状地物一般具有规则边界。采用统一的数据结构表示带状地物。

带状地物的数据结构如下：

```
typedef struct              //带状地物结构体(道路、河流、堤坝等)
{
    POINT3D *m_pLP3d;       //带状地物左边坡外边界点(考虑道路、堤
                             坝等有边坡)

    POINT3D *m_pRP3d;       //带状地物右边坡外边界点

    POINT3D *m_pCenterP3d;  //带状地物中心线点

    POINT3D *m_pCLP3d;      //带状地物左侧边界点

    POINT3D *m_pCRP3d;      //带状地物右侧边界点

    float fLength;          //带状地物长度

    float fWidth;           //带状地物宽度

    int iInterval;          //带状地物中心线采点间隔

    int iNums;              //某段带状地物中心线点数

    CString csCenterTexture;  //带状地物中间纹理名

    CString csLSTexture;      //左侧纹理名

    CString csRSTexture;      //右侧纹理名

    int iType;  //带状地物的类型,1表示道路,2表示堤坝,3表示带状
                 河流

}T_LINEOBJECT;
```

使用 T_LINEOBJECT 结构可以描述完整的一条带状地物，也可以仅仅描述其中的一段，在建模过程中根据带状地物的长度进行合理的分段选择。

真实感带状地物建模算法描述如下：

(1)根据带状地物的总长和拟分段的长度进行分段，段数取为 n ($n \geqslant 1$)，每段长为 fLength。

(2)针对每段，输入以采点间隔(如 iInterval=10m)采样的带状地物中心线三维点坐标，存储至 m_pCenterP3d 中。

(3)根据 m_pCenterP3d 中的点坐标和地物宽度 fWidth，计算带状地物的左边界 m_pCLP3d 和右边界 m_pCRP3d。

(4)如果建模对象考虑边坡，那么根据边坡斜率和地物左、右边界 m_pCLP3d、m_pCRP3d 计算左、右边坡外边界 m_pLP3d 和 m_pRP3d。

(5)根据地物左、右边界 m_pCLP3d、m_pCRP3d 绘制地物对象三角形片，绘图方式选择 GL_TRAINGLE_STRIP，如果边坡存在，根据步骤(4)计算的左、右边坡外边界 m_pLP3d、m_pRP3d 和地物左、右边界 m_pCLP3d、m_pCRP3d，绘制左、右边坡的三角形片。

(6)计算纹理坐标，读取纹理进行纹理映射，以采点间隔大小进行纹理贴图。

(7)循环处理步骤(2)～(6)，直到处理完所有分段对象。

2.3.2　地物与地形的融合方法

房屋作为独立单体建筑与地形的关联性较弱，在三维地形中只是简单置于其上的关系，而既有道路、水系等地物与地形本质上是融为一体的，所以其融合算法需要考虑对地形的修改。带状地物和面状地物在 DEM 分块格网上的边界投影示意如图 2-32 所示。从图中可知，带状地物也可以考虑为面状地物的一种特殊表现形式。

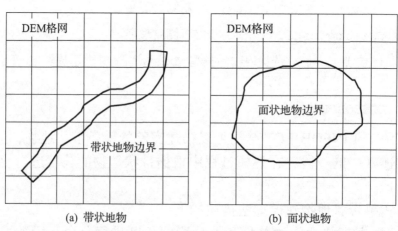

(a) 带状地物　　　　　　　　(b) 面状地物

图 2-32　带状地物和面状地物在 DEM 分块格网上的边界投影示意

融合方法如下：

(1)根据地物建模过程计算的边界点，按照逆时针组成多边形闭合边界。

（2）计算多边形闭合边界与地形网格的交集。遍历当前地形层的所有地形块，对存在交集的地形块进行构网修改或删除（地形块完全在地物多边形边界范围内）。

（3）针对每一层地形，循环处理步骤（2）。

（4）重复步骤（1）～（3），循环处理所有该类对象。

通过该融合方法能实现地物与地形的无缝融合，但是由于地形 LOD 的设置，融合地形的过程需要分层逐地形块进行，计算时间较长，考虑到选线设计过程并不需要对该类地物进行实时动态构建，只需要做到调用时能快速显示，所以研究中采用与地形处理类似的办法，通过离线预处理策略，每次新地形创建时，执行一次该类地物建模和融合参数的计算，并进行存储，供场景快速显示调用。通过该方法，既保证了地物建模的精度和逼真度，又满足了实时快速显示的需求。既有道路建模在三维地形环境中的融合效果如图 2-33 所示。

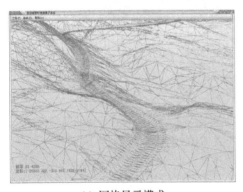 

(a) 网格显示模式　　　　　　　　　　(b) 纹理显示模式

图 2-33　既有道路建模在三维地形环境中的融合效果

2.4　天　空　仿　真

为了增加场景的逼真性，在三维地理环境建模中进行天空仿真模拟。天空仿真常用的方法主要有两种：①基于纹理图的天空仿真模拟。将天空背景，如日月星辰、蓝天白云等渲染成纹理贴图，然后将贴图映射到一个几何体上，并通过一定的场景绘制技术，控制渲染时贴图总是出现在无尽远处,并产生一种置身其中的感觉。这种方法的最大优点就是实现简单、绘制速度快且对系统的实时性影响很小。②基于分形技术或粒子系统生成天空动态云彩,该方法系统开销较大,适用于对天空场景模拟要求高的专业应用或游戏仿真。

基于纹理图的天空仿真方法根据纹理映射几何体的不同,可以采用四边形、立方体、球体三种构造进行天空模拟。铁路三维地理环境场景作为大型室外环境建模仿真,适合采用球体构造。实现上采用立方图纹理(GL_TEXTUE_CUBE_MAP)贴图技术。立方图纹理是具有连续性的六张纹理的组合,形成的立方体为水平视角 0°~360°、垂直视角–90°~90°的全景图,这样在球体上呈现的纹理才是无缝连续的。天空体的立方图纹理如图 2-34 所示。

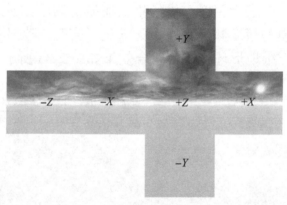

图 2-34　天空体的立方图纹理

球状天空体绘制流程如下。

(1)建立球体的数学模型。

将坐标原点设置在球心,Z 轴向上,在右手坐标系下,球体的数学模型为

$$
\begin{aligned}
x &= r\sin\alpha\cos\beta \\
y &= r\sin\alpha\sin\beta \\
z &= r\cos\alpha
\end{aligned}
\tag{2-22}
$$

式中,α 为半径与 Z 轴正向的夹角,取值范围为 $0 \leqslant \alpha \leqslant \pi$;$\beta$ 为半径在 XY 平面的投影与 X 轴正向的夹角,取值范围为 $0 \leqslant \beta \leqslant 2\pi$;$r$ 为球体半径,取值范围为 $0 < r \leqslant \infty$。

(2)获取天空采样点。

天空体的绘制实际上是绘制球体的表面，把球体的表面看成由很多小四边形平面拼接组成的，通过绘制这些小的四边形条带形成整个球面。在两极将四边形的上边顶点重合形成三角形面。因此只需要求解球面上一系列点的空间坐标就可以利用这些四边形绘制整个球面。例如，选择每隔 $\alpha=\pi/10\text{rad}$、$\beta=\pi/18\text{rad}$ 间隔取点，可得到 360 个采样点。

(3)条带化绘制球体。

根据获取的天空采样点，条带化绘制球体。

(4)立方图纹理映射。

读取六个面的立方图纹理图像，设置立方图纹理图像的纹理环绕模式为 GL_CLAMP_TO_EDGE，保证接边光滑化。设置反射模式为 GL_REFLECTION_MAP，计算立方图纹理坐标，完成立方图纹理映射。

(5)相机矩阵设置。

设置场景矩阵变换，控制场景相机总是位于天空体中心，使得天空体看起来总是绘制在无穷远处。

(6)天空体渲染设置。

关闭深度缓冲和光照测试，并设置天空体渲染顺序总是优先，确保其他场景对象总是位于天空体包围盒中。

球状天空体立方图纹理映射效果如图 2-35 所示。

图 2-35　球状天空体立方图纹理映射效果

天空模拟的效果与纹理图的质量相关，纹理图的尺寸为 2^n，尺寸过大会额外增加系统的开销，尺寸过小则影响真实感，选择 512 像素×512 像素尺寸的立方图纹理绘制球状天空体，其在三维地理环境中的显示效果如图 2-36 所示。

图 2-36　天空仿真模拟显示效果

第3章 三维地质环境建模与可视化分析

三维实体选线设计过程中需要对线路经行区域的地质信息进行反复查询与分析，构建三维地质环境模型用于反映地质构造、地质体内部属性及不良地质现象是实现三维选线地质信息空间查询、可视化分析与应用决策的必然途径。三维地质环境建模的关键问题在于如何在已建立的三维地形环境中集成和表达多源地质信息，并能够以一种动态交互的三维可视化的形式表现出来，以便选线工程师能够直观利用地质信息开展地质选线。

3.1 地质建模数据获取与存储

3.1.1 基于遥感解译影像的地质建模数据获取

在选线设计前期阶段，如预可行性和可行性研究阶段，主要进行大区域的线路选线，只开展控制性的钻探，地质钻孔数据很少，地质建模数据主要来源于对遥感影像的解译判释。利用遥感图像解译判释可以获取沿线地貌、地层(岩性)、地质构造、不良地质、水文地质等信息。铁路勘测中常见的不良地质现象，如滑坡、崩塌、岩堆、泥石流、岩溶、沙丘、沼泽、河岸冲刷等的影响范围、类别、产生原因、分布规律、发展趋势、危害程度等，均可通过对遥感图像的判释加以确定[50]。目前应用的主要遥感软件 Erdas Image、ER Mapper、ENVI、PCI 等都提供了相应模块来实现对地质对象解译结果的提取。以 Erdas Image 软件为例，使用其兴趣面(area of interest，AOI)功能模块提取地质对象的解译坐标和面积、周长等解译属性信息，使用解译模块的影像剪裁功能实现 AOI 范围内的影像提取，即实现地质对象的解译图像的获取，其流程如图 3-1 所示。获得遥感地质解译结果后，将其分为解译坐标、解译图像、解译属性，统一存储到选线系统的工程数据库中。

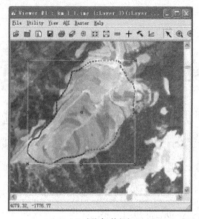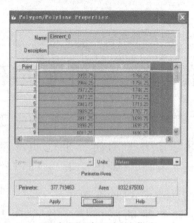

(a) 圈定范围　　　　　　　　　(b) 解译坐标和属性获取

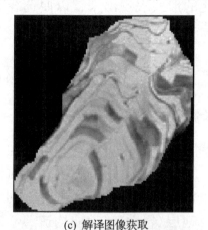

(c) 解译图像获取

图 3-1　数字化地质对象信息获取流程

3.1.2　基于地质勘察资料的地质建模数据提取

铁路工程项目的地质勘察根据项目阶段不同，获取的地质资料详细程度也不同。一般在预可行性研究阶段，只有区域地质资料和大范围小比例尺的遥感解译地质图。在可行性研究阶段，会有少量野外地质调绘、少量钻孔数据，而在初步设计和施工图设计阶段，会补充大量的地质调绘资料和补测钻孔数据，包括全线工程地质概况、工程地质说明、工程勘测资料、工点勘测说明、物探资料、勘探资料、不良地质区域分布图、钻孔柱状图，以及地质平面图、纵断面图、横断面图等。

基于地质勘察资料的地质建模数据提取主要是指通过一定的数据转换接口,采用提取程序或人工识别,从传统方法已获取的纸质文档、电子图形中提取数字化地质信息,最后将这些数字化地质信息与项目前期阶段数字化大范围遥感解译地质信息一同存储到选线系统的工程数据库中,作为遥感地质信息的补充,用于补充完善或修正地质环境模型。

1. 基于地质平面图、剖面图的数字化地质信息提取

地质平面图主要反映各地层在地表的出露情况,对控制三维地质模型中地层在地表的分布状况起着至关重要的作用。地质剖面图是地质专业人员按照工作要求,根据钻孔信息绘制出的地层断面图,包含地质专业人员的推理和经验,对构建接近真实地层的地质模型具有重要作用[51]。目前,在各大铁路勘察设计单位,地质平面图和剖面图的存储格式以 AutoCAD 格式为主,从 dwg 格式的电子图上需要提取适合选线系统数据库存储的数字化格式文件。

从地质平面图上主要提取地质单元分区信息(包括 ID、面积、周长、区域类型、地层编号等)、弧段属性信息(包括 ID、弧段的属性、类型、长度、断层编号等)。从地质剖面图上主要提取表达剖面的轮廓线或定位点(起始点、拐点、终止点)、地层属性、钻孔线和断层线等,或者在建模应用中的关键位置通过剖面图构造虚拟钻孔数据。

图 3-2 显示了不良地质对象边界、属性信息的地质平面示意图。基于 AutoCAD 编制数字地质信息提取程序,提取不良地质对象的多边形边界数据并存储到数据库中。

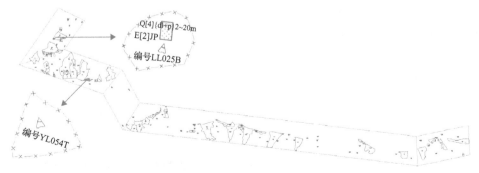

图 3-2　地质平面示意图

提取程序设计如下：

```
//打开图形文件(DWG/DXF/DWT/DWS)
void CMyDwgView::OnMenuOpendwg()
{
    CString tt;
    CStdioFile m_File;
    m_File.Open("c:\\hazarts.txt",CFile::modeCreate|
CFile::modeWrite);
    CString str,TextString,strCoodinates,EntryName,tu;
    COleVariant loopObjs;
    int Linetype,nCounts;  //线型号
    long lLbound,lUbound;  //存储安全数组的上下限
    VARIANT pp;//存储坐标点变体结构
    int TotalPolylinnum=0;  //多段线总数
    double *pt;  //存储点坐标
    CDataManager *pData=NULL;//数据管理指针
    BOOL m_Bhasatt;  //块参考是否具有属性
    CMainFrame*pFrame=(CMainFrame*)AfxGetApp()->m_pMainWnd;
    CMyDwgDoc* pDoc=GetDocument();//得到当前文档指针
    ASSERT_VALID(pDoc);
    //定义 COleVariant 结构数组,读取图形时作为参数
    COleVariant covTrue((long)TRUE),covFalse((long)FALSE),covOne
((long)0),covString((long)0),covOptional((long)DISP_E_PARAMNOTFOUND,
VT_ERROR);
    b_OpenSuccess=FALSE;  //初始打开图形为失败
    CString  strFilter="图形(*.dwg)|*.dwg|DXF(*.dxf)|
*.dxf|图形样板(*.dwt)|*.dwt||";
    CfileDialog dlg(TRUE,"AutoCAD文件",NULL,OFN_HIDEREADONLY|
OFN_OVERWRITEPROMPT,strFilter,NULL);
    dlg.m_ofn.lpstrTitle="打开 AutoCAD 文件";
    if(dlg.DoModal()==IDOK && !dlg.GetPathName().IsEmpty())
        dwgFilename=dlg.GetPathName();
                                //得到要打开的 AutoCAD 文件路径
```

```
        if(dwgFilename.IsEmpty())
        {MessageBox("请打开读取的 AutoCAD 文件!","打开 AutoCAD 文
件",MB_OK);
        return;}
        if(theApp.m_outToDatabase==TRUE) //如果是, 输出到数据库中
        {
        LPTSTR pFileName=(LPTSTR)(LPCTSTR)dwgFilename;
        theApp.m_cadVersion=atof(theApp.m_autocad.GetVersion());
        theApp.m_DwgFileVersion=fReadIndexHeader(pFileName);
                                        //AutoCAD 文件版本号
        theApp.m_acaddocs=theApp.m_autocad.GetDocuments();
                                                //得到文档
        theApp.m_acaddoc=theApp.m_acaddocs.Open(pFileName,
covFalse,covString);
        theApp.m_acadmodelSpace=theApp.m_acaddoc.
GetModelSpace();                                //取得模型空间
        entitiesNum=theApp.m_acadmodelSpace.GetCount();
                                                //实体数量
        if(theApp.m_cadVersion>=16) //AutoCAD 2004版本
        {
        pFrame->m_wndToolBar.m_wndMyComboBox.SetCurSel(0);
                                                //初始线型
        //循环读取所有实体
        for(long n=entitiesNum*(m_StartPercent/100.0);
            n<entitiesNum*(m_EndPercent/100.0);n++)
        {
        pFrame->ShowProgress((n+1)*1.0/entitiesNum*100);
        COleVariant covN((long)n);
        theApp.m_acadEntity=theApp.m_acadmodelSpace.
Item(covN);                                //得到实体指针
        EntryName=theApp.m_acadEntity.GetObjectName();
                                                //得到实体名称
        Cstring mlayerNmae=theApp.m_acadEntity.GetLayer().
AllocSysString();
```

```
if(strcmp(mlayerNmae,"DZ-不良地质界线")!=0)
                                    //只对地质对象进行读取
continue;
if(EntryName=="AcDbPolyline") //多义线
{
theApp.m_acadPolyline=theApp.m_acadmodelSpace.
Item(covN);
pp=theApp.m_acadPolyline.GetCoordinates();
                                //得到多义线所有坐标点
BOOL bClosed=theApp.m_acadPolyline.GetClosed();
                                //得到多义线是否闭合
SAFEARRAY* sPt=pp.parray;
if(SafeArrayGetDim(sPt)!=1) break;
SafeArrayGetLBound(sPt,1,&lLbound); //数组的下限
SafeArrayGetUBound(sPt,1,&lUbound); //数组的上限
if(bClosed==TRUE)//如果多义线闭合
    nCounts=lUbound-lLbound+3;
else
    nCounts=lUbound-lLbound+1;
strCoodinates=getDblArraysFromVariant(lLbound,
lUbound,&pp,bClosed);
for(int k=0;k<=nCounts/2;k++)
{    if(PolinePt[k].z>0)
    {if(PolinePt[k].z<=0) continue;
    tt.Format("%f,%f,%f\n",PolinePt[k].x,
PolinePt[k].y,PolinePt[k].z);
    m_File.WriteString(tt);}}}
else if(EntryName=="AcDbSpline") //B样条曲线
{
heApp.m_acadSpline=theApp.m_acadmodelSpace.Item(covN);
int m=theApp.m_acadSpline.GetNumberOfFitPoints();
                                    //拟合点
m=theApp.m_acadSpline.GetNumberOfControlPoints();
                                    //控制点数
```

```
if(m>0){
PolinePt=new PointStruct[m+2];
strCoodinates="";
for(int i=0;i<m;i++)
{ //从 VARIANT 结构中读取坐标(x,y,z)
    getDblPointXYZFromVariant(i,&theApp.m_acadSpline.
GetControlPoint(i));
    tt.Format("%.3f,%.3f,%.3f\n",PolinePt[i].x,
PolinePt[i].y,PolinePt[i].z);
    m_File.WriteString(tt);}}
}
else if(EntryName=="AcDbText") //单行文本
{
theApp.m_acadText=theApp.m_acadmodelSpace.Item(covN);
getDblArrayFromVariant(theApp.ptS,&theApp.
m_acadText.GetInsertionPoint());
    tt.Format("%f,%f,%f\n",theApp.ptS[0],theApp.ptS[1],
theApp.ptS[2]);
    m_File.WriteString(tt);}
    else if(EntryName=="AcDbMText") //多行文本
    {
theApp.m_acadMText=theApp.m_acadmodelSpace.Item(covN);
getDblArrayFromVariant(theApp.ptS,&theApp.m_acadMText.
GetInsertionPoint());
    if(theApp.ptS[2]>0)
    {  tt.Format("%f,%f,%f\n",theApp.ptS[0],theApp.ptS[1],
theApp.ptS[2]);
    m_File.WriteString(tt);
}}}}
m_File.Close();
}
```

2. 实测钻孔数据数字化提取

工程钻探法是获取地下三维空间信息的重要方法，通过钻孔采样可以直接获取详细的岩层分布状况，如岩层岩性、断层特征、土质等。这些特征反映了岩层的原始状况，是进行岩层可视化、模拟分析、三维地质体建模的主要数据源。需要提取的钻孔信息包括钻孔编号、所处工程名称、位置坐标、对应线路里程坐标和偏距、孔口标高、孔深、孔径、勘探方法、比例尺、开孔日期、终孔日期、初见水位、稳定水位，每个钻孔的岩层信息包括岩层层次、层深、高程、层厚、岩性、岩层说明等。钻孔柱状图是以 AutoCAD 图的 dwg 格式进行存储的，与地质平面图提取类似，通过编制 AutoCAD 二次开发程序自动提取。以编号 BDZ-04-02 的一个钻孔柱状图提取为例，如图 3-3 所示，提取的钻孔数据基本信息见表 3-1，详细地层信息见表 3-2。

3. 从既有地质勘察数据库中获取数字地质信息

在地质勘察数据库中，以 Access 数据库方式导入三维地质建模所需钻孔、地层等数据。地质勘察数据库中主要包括钻孔数据基本表、钻孔地层详细信息表，其结果见表 3-3 和表 3-4。

3.1.3　地质建模数据存储表设计

根据获取的地质数据类型及特点，选择 Oracle 关系数据库，对地质建模数据进行统一存储和管理。Oracle 数据库提供的二进制大对象格式可以方便高效地存储解译影像。在三维地质建模中为了适应地质勘察数据库的数据结构，设计的区域性地质数据表结构见表 3-5。

设计的钻孔和地层数据表结构见表 3-6 和表 3-7。

不良地质对象数据表结构设计以泥石流数据为例，泥石流按类型、危险级别、地貌部位等进行划分，定义的数据表结构见表 3-8。

	西部某铁路　补定测						编号　BDZ-04-02			
工程名称　路基					位置　DK39+615.00左20.00					
孔口高程　3621.90m					孔深　50.90m			孔径　130mm		
勘探方法　机动回旋钻进					起讫时间　2014.5.15~2014.5.19					

层次	层深/m 高程/m	地层剖面 1:400	层厚 /m	地层 时代	岩层说明及钻进情况	初见 水位	稳定 水位 稳定 时间	标贯 试验	样品 编号 起止 深度
(2-1-1)	5.00 3616.90	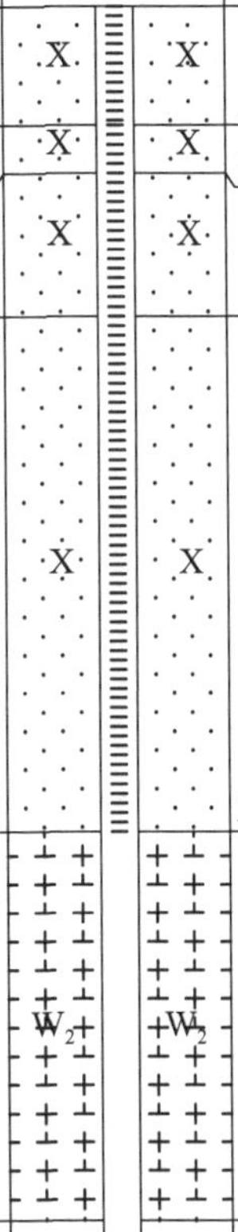	5.00		〈2-1-1〉细砂：浅黄色，松散，稍湿，主要成分为石英、长石等。细砂含量约占85%，粒径一般为0.075~0.25mm，次棱角状，微风化。0~18m段稍湿，18~34.6m段饱和。其中偶夹粗角砾，局部含白云母碎片，粉土含量约占5%。				
(2-1-2)	7.00 3614.90		2.00						
(4-4-3)	13.00 3608.90		6.00		〈2-1-2〉细砂：浅黄色，稍密，稍湿，主要成分为石英、长石等。细砂含量约占85%，粒径一般为0.075~0.25mm，次棱角状，微风化。0~18m段稍湿，18~34.6m段饱和。其中偶夹粗角砾，局部含白云母碎片，粉土含量约占5%。				S-BDZ-04-02-2 18.00~18.60
(4-4-4)	34.60 3587.30		21.60		〈4-4-3〉细砂：浅黄色，中密，稍湿，主要成分为石英、长石等。细砂含量约占85%，粒径一般为0.075~0.25mm，次棱角状，微风化。0~18m段稍湿，18~34.6m段饱和。其中偶夹粗角砾，局部含白云母碎片，粉土含量约占5%。	—	—	—	
(11-7)	50.90 3571.00		16.30		〈4-4-4〉细砂：浅黄色，密实，稍湿，主要成分为石英、长石等。细砂含量约占85%，粒径一般为0.075~0.25mm，次棱角状，微风化。0~18m段稍湿，18~34.6m段饱和。其中偶夹粗角砾，局部含白云母碎片，粉土含量约占5%。 〈11-7〉花岗闪长岩：灰白色，块状结构，微风化，42.7~44.3m段岩芯较破碎，多呈2~5cm碎块状，其他段岩芯较完整，多呈短柱至长柱状，最长70cm，局部节理裂隙发育				Y-BDZ-04-02-1 46.00~47.00

图 3-3　钻孔柱状图

表 3-1 钻孔数据基本信息

钻孔编号	工程名称	坐标N/m	坐标E/m	里程冠号	里程/m	偏距/m	孔口标高/m	孔深/m	孔径/mm	勘探方法	比例尺	开孔日期	终孔日期	初见水位/m	稳定水位/m	稳定时间
BDZ-04-02	路基	3249207	445357.2	DK	39615	-20	3621.9	50.9	130	机动回旋钻进	1:400	2014.5.15	2014.5.19	0	0	

表 3-2 钻孔数据详细地层信息

钻孔编号	层次	层深/m	高程/m	层厚/m	岩性	岩层说明
BDZ-04-02	1	5.0	3616.90	5	细砂-松散	浅黄色，松散，稍湿，主要成分为石英、长石等。微风化。0~18m段稍湿，18~34.6m段饱和。细砂含量约占85%，粒径一般为0.075~0.25mm，次棱角状，其中偶夹相角砾，局部含白云母碎片，粉土含量约占5%
BDZ-04-02	2	7.0	3614.90	2	细砂-稍密	浅黄色，稍密，稍湿，主要成分为石英、长石等。微风化。0~18m段稍湿，18~34.6m段饱和。细砂含量约占85%，粒径一般为0.075~0.25mm，次棱角状，其中偶夹相角砾，局部含白云母碎片，粉土含量约占5%
BDZ-04-02	3	13.0	3608.90	6	细砂-中密	浅黄色，中密，稍湿，主要成分为石英、长石等。微风化。0~18m段稍湿，18~34.6m段饱和。细砂含量约占85%，粒径一般为0.075~0.25mm，次棱角状，其中偶夹相角砾，局部含白云母碎片，粉土含量约占5%
BDZ-04-02	4	34.6	3587.30	21.6	细砂-密实	浅黄色，密实，稍湿，主要成分为石英、长石等。微风化。0~18m段稍湿，18~34.6m段饱和。细砂含量约占85%，粒径一般为0.075~0.25mm，次棱角状，其中偶夹相角砾，局部含白云母碎片，粉土含量约占5%
BDZ-04-02	5	50.9	3571.00	16.3	花岗闪长岩	灰白色，块状结构，微风化，42.7~44.3m段岩芯较破碎，多呈2~5cm碎块状，其他段岩芯较完整，多呈短柱至长柱状，最长70cm

表 3-3　钻孔数据基本表结构

序号	字段名称	字段类型	单位
1	钻孔编号	CHAR(12)	
2	工程名称	CHAR(12)	
3	坐标 N	NUMBER(12,3)	m
4	坐标 E	NUMBER(12,3)	m
5	里程冠号	CHAR(6)	
6	里程	NUMBER(12,3)	m
7	偏距	NUMBER(5,3)	m
8	孔口标高	NUMBER(9,3)	m
9	孔深	NUMBER(9,3)	m
10	孔径	CHAR(6)	mm
11	勘探方法	CHAR(12)	
12	比例尺	NUMBER(5,3)	m
13	开孔日期	CHAR(12)	
14	终孔日期	CHAR(12)	
15	初见水位	NUMBER(9,3)	m
16	稳定水位	NUMBER(9,3)	m
17	稳定时间	CHAR(6)	
18	基岩产状	CHAR(12)	
19	编制 ID	CHAR(6)	
20	编制日期	CHAR(6)	
21	复核 ID	CHAR(6)	
22	复核日期	CHAR(6)	

表 3-4　钻孔地层详细信息表结构

序号	字段名称	字段类型	单位
1	钻孔编号	CHAR(12)	
2	深度	NUMBER(9,3)	m

续表

序号	字段名称	字段类型	单位
3	符号	CHAR(12)	
4	定名	CHAR(12)	m
5	稠度	CHAR(12)	
6	风化程度	CHAR(12)	m
7	基岩层位	NUMBER(9,3)	m
8	描述	CHAR(64)	

表 3-5　区域性地质数据表结构

序号	字段名称	字段类型	长度
1	区域编号	VARCHAR2	10
2	区域类型	VARCHAR2	200
3	空间坐标	VARCHAR2	4000
4	属性信息	VARCHAR2	2000
5	地层编号	VARCHAR2	10
6	面积	NUMBER	10
7	周长	NUMBER	10
8	长度	NUMBER	10
9	解译影像	BLOB	—
10	备注	VARCHAR2	4000

表 3-6　钻孔数据表结构

序号	字段名称	字段类型	长度
1	钻孔编号	VARCHAR2	20
2	工程名称	VARCHAR2	20
3	里程	NUMBER	12
4	偏距	NUMBER	6

续表

序号	字段名称	字段类型	长度
5	孔深	NUMBER	12
6	孔径	VARCHAR2	20
7	初见水位	NUMBER	9
8	稳定水位	NUMBER	9
9	稳定时间	VARCHAR2	10
10	比例尺	NUMBER	6
11	孔口坐标 x	NUMBER	12
12	孔口坐标 y	NUMBER	12
13	孔口标高 z	NUMBER	12
14	岩土层数	NUMBER	6
15	开孔日期	VARCHAR2	20
16	终孔日期	VARCHAR2	20
17	钻孔类型	VARCHAR2	10

表 3-7 地层数据表结构

序号	字段名称	字段类型	长度
1	钻孔编号	VARCHAR2	20
2	地层序号	NUMBER	6
3	地层厚度	NUMBER	12
4	地层岩性	VARCHAR2	20
5	地层说明	VARCHAR2	4000
6	备注	VARCHAR2	20

表 3-8 泥石流数据表结构

字段名称	字段类型	备注
编号	VARCHAR2	
类型	VARCHAR2	坡面型泥石流或沟谷型泥石流
岩土信息	VARCHAR2	存储泥石流范围内的岩土信息

字段名称	字段类型	备注
危险级别	VARCHAR2	轻微、中度、高度、严重危险
控制点坐标	MDSYS.SDO_GEOMETRY	存储泥石流边界线控制点坐标集，其中 SDO_POINT_TYPE=2；MDSYS.SDO_ELEM_INFO_ARRAY（1,1003,1,53,1003,1），SDO_ORDINATES 的坐标形式为 $\{X_1,Y_1,Z_1,X_2,Y_2,Z_2,\cdots\}$，几何对象为三维，存储三维坐标
水源类型	VARCHAR2	暴雨性泥石流、溃决性泥石流、冰雪融水泥石流、泉水型泥石流
地貌部位	VARCHAR2	山区泥石流、山前区泥石流、谷型泥石流、山坡型泥石流
物质组成	VARCHAR2	泥流、泥石流、水石流
固体物质提供方式	VARCHAR2	滑坡泥石流、崩塌泥石流、沟床侵蚀泥石流、坡面侵蚀泥石流
流体性质	VARCHAR2	黏性泥石流、稀性泥石流
堆积物体积	VARCHAR2	巨型泥石流（$V>50\times10^4\mathrm{m}^3$）、大型泥石流（$20\times10^4\mathrm{m}^3 \leqslant V \leqslant 50\times10^4\mathrm{m}^3$）、中型泥石流（$2\times10^4\mathrm{m}^3 \leqslant V<20\times10^4\mathrm{m}^3$）、小型泥石流（$V<2\times10^4\mathrm{m}^3$）

3.2　工程地质对象虚拟环境建模

如何将工程地质对象的解译坐标精确定位到三维地形模型上，并叠加上解译图像进行外部显示，是实现选线前期阶段工程地质对象可视化表达的关键。地质对象数据模型主要有矢量数据和栅格图像两类，矢量结构的数据模型在计算机中存储方便，拓扑关系易于表达，并能快速有效地被计算机识别；栅格结构的数据模型通常具有表达直观形象的特点。选线系统的工程地质对象虚拟环境建模采用矢量栅格混合结构数据模型，在计算机内部进行判断分析时采用矢量结构数据模型，在屏幕外部显示时采用栅格结构数据模型。矢量数据也即解译坐标加入地形，通常有两种方法，一是静态加入法，在地形 TIN 网格构网前，将解译坐标作为离散点加入 DEM 数据流中，进行构网，该方法一般不能对地质对象进行独立控制；二是动态加入法，在对地形进行三角剖分形成 TIN 网格后，动态加入解译坐标，再对受影响地形区域进行块编辑和重新构网,形成新的 TIN 网格。为了便于地质对象信息的管理、查询和分析,选用动态加入法调入解译坐标。

根据遥感地质解译结果的数字化地质信息类型,将工程地质对象融合建模分为三个过程:解译坐标加入地形网格、解译影像叠加、解译属性的组织和动态显示。

解译坐标动态加入的关键是地形 TIN 网格的重构,其主要步骤如下:

(1)从数据库中读入地质对象的解译坐标。

(2)解译坐标连接成地质对象的边界线,将该边界线作为三角网构网的特征线。

(3)对受影响地形区域进行编辑,删除受影响区域内的三角网,保留离散点信息。

(4)更新受影响区域的三角网,使地质对象边界线成为三角网的边。

(5)保存该地质对象的 TIN 网格到数据库中。

图 3-4 给出了解译坐标加入后三角网重构示意图,图 3-5 给出了建模实例的解译坐标动态加入过程,图 3-6 给出了地质对象集成建模效果图。

(a) 地形TIN网格

(b) 地质对象解译坐标边界线

(c) 编辑受影响区域的三角网

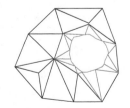
(d) 更新受影响区域的三角网

(e) 生成保存地质对象三角网

图 3-4　解译坐标加入后三角网重构示意图

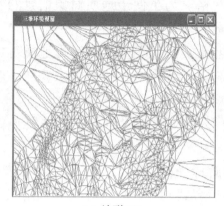

(a) 地形TIN   (b) 删除受影响区域的三角网

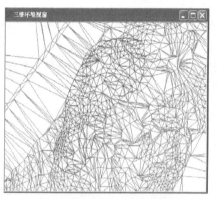

(c) 更新受影响区域的三角网

图 3-5　解译坐标动态加入过程

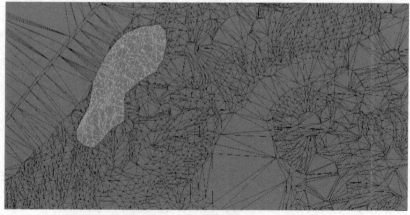

图 3-6　地质对象集成建模效果图(三角网显示)

解译坐标动态加入地形后实现了地质对象在计算机内部的有效表达，使得计算机能够方便地识别各种地质对象，为解译图像的叠加和解译属性的显示提供了基础。

解译图像的叠加步骤如下：

(1)从数据库中读入地质对象的解译图像。

(2)读取地质对象对应的 TIN 网格信息。

(3)计算 TIN 网格顶点的纹理坐标，进行纹理映射，完成解译图像叠加。

地质解译图像叠加流程如图 3-7 所示。

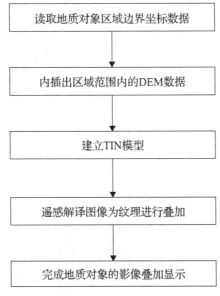

图 3-7　地质解译图像叠加流程

图 3-8 显示了解译图像在三维地形环境中的叠加。

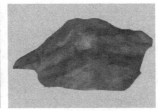
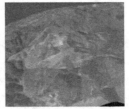

(a) TIN模型　　　　　　(b) 解译图像　　　　　　(c) 解译图像叠加

图 3-8　解译图像的叠加

解译属性的动态显示过程如下：

基于纹理贴图融合技术，在选线设计时，当线路进入不良地质区域时，对该地质对象进行高亮显示，并通过唯一识别的地质对象 ID，调入数据库中的解译属性进行提示。图 3-9 给出了正射环境和透视环境下地质对象解译属性的动态显示。图 3-10 显示的是多个不良地质区域对象与三维数字地形融合后的效果图。

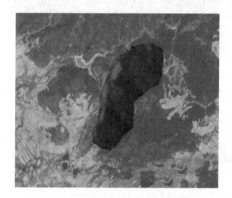 

(a) 正射环境下解译属性提示　　　　　　　　　(b) 透视环境下解译属性提示

图 3-9　地质对象解译属性的动态显示

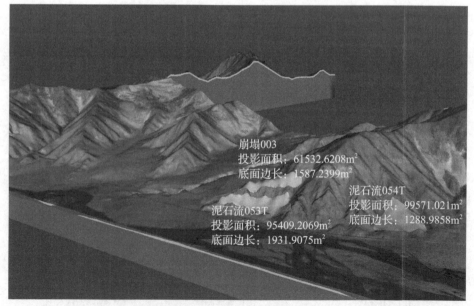

图 3-10　多个不良地质区域对象与三维数字地形融合后的效果图

以 OSG 图形引擎的实现为例，显示解译属性文字的示例程序如下：

```
//创建文字
osg::ref_ptr<osg::Geode>ShowText(const char*hazardtext,
double x,double y,double z)
{
    osg::ref_ptr<osgText::Text>text=new osgText::Text;
    osg::ref_ptr<osgText::Font> font = newosgText::Font();
    font=osgText::readFontFile("simhei.ttf");//读取字体
    text->setFont(font.get());//设置字体文件
    text->setText(hazardtext);//设置文字信息
    text->setCharacterSize(20.5f);//设置字体大小
    text->setColor(osg::Vec4(1.0f,0.0f,0.0f,1.0f));
                                        //设置字体颜色
    osg::Vec3f position=osg::Vec3f(x,y,z);
                                        //设置显示的位置
    text->setPosition(position);
    text->setAlignment(osgText::Text::CENTER_TOP);
                                        //设置文字对齐方式
    text->setAxisAlignment(osgText::Text::SCREEN);
                                        //文字方向正对屏幕
    osg::ref_ptr<osg::Geode>geode=new osg::Geode();
                                        //添加到叶节点中
    geode->addDrawable(text.get());
    return geode.get();
}
```

3.3　三维地质实体建模方法

3.3.1　建模基本思想

　　铁路选线设计经历预可行性研究、可行性研究、初步设计、施工图设计等阶段，每个阶段获取的地质勘察资料不同，是一个逐渐详细、信息逐渐丰富的过程。三维地质体建模也需要经历一个信息逐渐丰富的过程。在项目前期阶段（预可行性研究、可行性研究阶段），在只有区域地质资料和少量野外地质调绘资料、少量钻孔数据的基础上，建立前期阶段的地质模型，后期阶段（初步设计、施工图设计阶段）根据加入的详细钻孔数据、地质剖面图资料修改完善模型，形成更精细化的地质模型。因此，要求地质体建模也是分阶段的，能够动态加入数据、编辑数据和不断完善添加信息。同时根据铁路经行区域的特点，铁路工程地质模型呈长大带状分布，地质体模型建立必须采用分区段拼接式建模。

3.3.2　地质体建模数据模型分析

三维地质体建模数据模型主要有三类：基于面（surface-based）表示的数据模型、基于体（voxel-based）表示的数据模型和混合结构数据模型[52]，见表 3-9[53]。

表 3-9　三维地质体建模数据模型分类[53]

面模型	体模型		混合模型
	规则体元	不规则体元	
不规则三角网（TIN）	结构实体模型（CSG）	四面体模型（TEN）	TIN-CSG 混合模型
格网	体素	金字塔	TIN-Octree 或 Hybird 混合模型
边界表示模型	八叉树（Octree）	三棱柱	TEN-Octree 混合模型
线框模型（WireFrame）	针体	实体	WireFrame-Block 混合模型
断面模型	规则块体（regular block）	非规则块体（irregular block）	WireFrame-TEN 混合模型
多层 DEM 模型	三维栅格模型	广义三棱柱	

每一种数据模型都有其优缺点和适用范围，因此在三维地质实体建模过程中，应基于地质体本身的特点和建模的目的，选用较为合理的三维空间数据模型。三维地质体建模数据模型对比见表 3-10。

针对铁路线路的长大带状模型特点，建模采用的数据模型和建模方法应满足空间带状模型特点的要求。由于是面向地质体建模，采用面模型虽然可以处理复杂的地质结构，但是难以解决内部属性显示，

表 3-10　三维地质体建模数据模型对比

模型分类	面模型	体模型	混合模型
特点	以物体的边界为基础，定义和描述空间实体，通过对地质界面的模拟来表示空间实体，侧重于三维空间表面的表示	用体信息代替面信息来描述对象的内部，通过体信息来描述对象的内部，侧重于三维空间体的表示	将两种或两种以上的数据模型加以综合，形成一种具有一体化结构的数据模型
优点	便于显示和数据更新，可较方便实现地层可视化和模型更新	真三维，完整描述三维拓扑关系、数据结构简单、适合空间操作分析	可以实现对三维空间现象有效完整的描述
缺点	不是真三维、不描述三维拓扑关系、难以进行空间分析	存储空间占用较大，计算速度较慢	在计算机实现中尚未找到很好的解决方法，注重理论上完整表达，不利于建模实现

以及剖切和挖掘等地质问题。而混合模型目前只是停留在理论阶段，编程实现存在诸多问题，而且这只是一种表面的集成。因此，基于体元的建模方法使用较为普遍，特别是为了适应复杂地质体模型和考虑钻孔存在偏斜问题，基于三棱柱的改进模型即广义三棱柱(generalized tri-prism，GTP)成为目前三维地质体建模的主要模型[54]。

3.3.3　基于 GTP 的三维地质体建模

针对选定区域进行 GTP 体元的三维地质体建模，其核心是对钻孔数据进行层序分层后，采用不规则三角网形成地层界面，然后根据各钻孔数据，向下生成 GTP 体元模型，并采用克里金法等插值算法对生成的地层曲面进行平滑，再用这些层面数据生成地质体，建立三维地质体模型。方法如下[53]：

以钻孔孔口坐标点为离散点，按 Delaunay 法构建地下地质体的三角网 TIN，将 TIN 中的三角形逐个沿钻孔向下扩展生成 GTP。由于地层出现一般都具有先后规律及分布走向，它反映了地质构造过程中异常地层尖灭的顺序关系，因此三角形向下扩展时应能体现出这种地质构造规律，在钻孔间完成地层上述关系的推理，并保证推理结果的正确性和唯一性。相邻层之间的三棱柱体的侧面四边形由 TIN 中三角形三个顶点进行两两组合后沿钻孔按一定规则向下扩展而成，这样侧面四边形的侧棱边只能在同一钻孔上，即使钻孔倾斜也能保证建立唯一的侧面四边形与广义三棱柱体。建模的主要过程如下：

（1）根据钻孔孔口坐标按 Delaunay 三角网的构建方法生成一个三角形，将该三角形设置为第一个 GTP 的上三角形。

（2）根据上三角形点的属性编码沿三个钻孔向下扩展新三角形（称为下三角形），如图 3-11 所示。扩展规则是：如果三角形三个顶点的属性编码相同，则新三角形顶点均为相应钻孔的下一个点，如图 3-11（a）所示；如果三角形三个顶点的属性编码不相同，则编码小的钻孔上新三角形顶点为相应钻孔的下一个点，而编码大的钻孔上新三角形顶点保持不变，即与上三角形顶点相同，如图 3-11（b）～（d）所示。

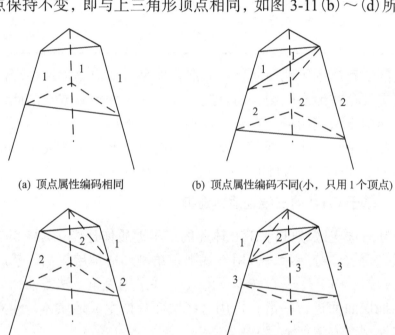

(a) 顶点属性编码相同　　　　(b) 顶点属性编码不同(小，只用1个顶点)

(c) 顶点属性编码不同(小，共用两个顶点)　　(d) 顶点属性编码不同(大)

图 3-11　向下扩展广义三棱柱

（3）根据上、下三角形对应关系构建棱边、侧面四边形和广义三棱柱体，记录并修改广义三棱柱体的描述信息，并将下三角形置为上三角形。

（4）重复步骤（2）、（3），直到上三角形顶点均为三个钻孔的底部点为止。

(5)根据钻孔孔口坐标按 Delaunay 三角网的构建方法扩展新三角形，并置为上三角形，重复步骤(2)～(4)，构建新的 GTP。

(6)重复步骤(5)，直到地表面钻孔孔口的 Delaunay 三角网构建完成为止。

这种建模方法的好处是便于模型修改。当插入新的钻孔时，只需像 TIN 一样进行局部修改，然后对进行了局部修改的三角形沿钻孔(向下)方向修改并生成新的 GTP。

基于钻孔数据绘制 GTP 模型，如图 3-12 所示。

图 3-12　GTP 构建三棱柱模型

基于三棱柱采用 GTP 法构建三维地质实体模型，如图 3-13 所示。

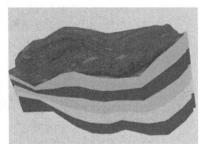

图 3-13　GTP 构建三维地质实体模型

3.3.4　不良地质体建模

滑坡、泥石流等是山区中常见的地质灾害，其危害性极大，不良地质体模型的建立能够直观地再现地质单元的空间展布及其相互关系，为铁路地质选线工作提供很大的帮助。下面以滑坡为例，说明不良地质体建模方法。

　　滑坡有单级滑坡和多级滑坡，建模所需数据包括滑坡区域地质界线和滑坡区域钻孔数据。下面介绍单级滑坡的建模方法。

　　(1)利用虚拟钻孔内插程序对滑坡区域进行虚拟钻孔加密，加密后的钻孔数据如图 3-14(a)所示。

　　(2)将滑坡区域的地质界线沿 z 方向进行拉伸，然后分别分割地形体和地形面，得到滑坡整体和滑坡体表面模型，滑坡整体如图 3-14(b)所示。

　　(3)根据钻孔岩性对钻孔数据分层显示，首先将第一层离散点投影到地表曲面上，将滑坡体表面模型变形到第一层离散点上，得到滑坡体的第一层岩层分界面，如图 3-14(c)所示。

　　(4)重复上述步骤，得到滑坡体的所有岩层分界面，如图 3-14(d)所示。

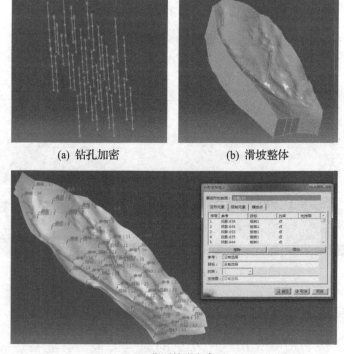

(a) 钻孔加密　　　　　　　　(b) 滑坡整体

(c) 曲面外形渐变

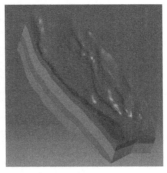

(d) 岩层分界面　　　　　　　　(e) 滑坡体

图 3-14　单级滑坡体建模

(5)利用地层面依次分割滑坡体,分割的顺序是先上部岩层,后下部岩层,得到该滑坡体整体模型,如图 3-14(e)所示。

按照上述步骤同样可以完成多级滑坡体建模,多级滑坡体模型如图 3-15 所示。

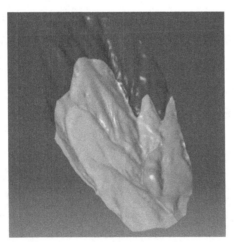

图 3-15　多级滑坡体模型

泥石流建模与滑坡类似,这里不再赘述。

3.4　长大带状三维地质环境建模实现

将建模区域的带状边界范围特征线数据、钻孔数据、剖面数据、三维地形环境、工程地质对象虚拟环境、分块地质实体模型进行融合建模,对分块地质实体对象进行空间定位,建立适合铁路地质选线的长大带状地质环境模型，为选线工程师实时获取地质信息、分析地质对象提供直观的可视化环境。

重点考虑将分区段建模生成的地质实体集成融合到三维地形环境中，该过程实际上也是对地形影响区域进行动态改造的过程。其融合过程如下：

(1)融合区域的确定。地质体与地形融合的影响区域实际上就是地质体的边界投影到地形网格上，形成的一个多边形区域。融合区域与地形网格存在多种对应关系，可能为一对多，即一个融合区域对应多个地形网格；也可能为多对一，即多个融合区域对应一个地形网格。当一个三维地质体模型读入后，其边界范围可以由完整模型的一个包围盒或分解模型的多个包围盒确定，将该包围盒范围投影到地形网格上，计算其在场景世界坐标中的边界地理坐标范围，也就确定了融合区域。

(2)地质体放置位置的确定。将地质体包围盒的中心坐标从场景局部坐标转换到世界坐标，记为 $P(x_0, y_0)$，并将读入的地质体模型原点设置在其中心，通过位置偏移矩阵设置该模型的放置位置为 $P(x_0, y_0)$。

(3)对融合区域与地形网格进行求解，并采用约束三角网删除融合区域内部的三角形，以融合区域的边界为特征边对剩余的三角形顶点进行重新构网。通过循环处理，实现地质体与地形的融合。

建立的长大带状地质实体模型如图 3-16 所示。

图 3-16　长大带状地质实体模型

3.5　三维地质模型可视化及分析

在铁路实体选线的地质环境建模研究中，三维工程地质模型的构建不是最终目的，最终目的是借助三维地质模型准确、快速地实现地质问题的分析，为铁路地质选线提供有效的指导。三维地质模型可视化及分析就是借助计算机技术和三维图形渲染引擎，对地质数据进行视觉表达与分析，尽可能灵活、自然地表达地质实体模型的外表及内在的各种信息。

3.5.1　三维地质模型场景树设计

场景树是实现三维地质模型可视化的一种重要树形结构。三维地质模型场景就是描述三维地质模型的景物对象，这些景物对象主要包括钻孔对象、地质剖面对象、地表模型、地质实体模型。各级各类对象之间具有相互关联的关系，具有各自的独立性，上一级对象是下一级对象的父类，下一级对象是上一级对象的子类或分解，从软件结构上组成树形结构。各子节点封装了组成该模型的属性参数和处理方法，如图形显示处理。在针对三维地质模型进行可视化时，根据模型场景的层次结构和模型的显示特性，将各节点子对象插入场景树中即可。因此，三维地质模型的场景树设计至关重要，将每类一级子对象都设置为组节点（Group），允许加入不同类型的子节点，三维地质模型的场景树结构允许动态扩展，最终设计的三维可视化地质模型场景树结构如图 3-17 所示。

3.5.2　三维场景中地质对象拾取技术

在三维场景中，拾取对象的过程是通过获取鼠标在屏幕上的点击点，经屏幕坐标转换得到投影点，以视点为起点，经投影点构造一条垂直指向屏幕的射线，然后经投射变换、坐标变换获得一条位于模型空间的射线。由于所有模型都位于视锥之内，只需判断这条射线与场景中的哪些模型相交，经过选择即可获取所需模型[55]。

OSG 图形引擎采用射线求交的方法完成场景中实体的拾取，基本原理是通过相机位置点向鼠标选中点作一条射线并求它和场景中所有实体的交点，在所有和该射线相交的实体中，离相机位置点最近的实体就是被选中的实体。

算法的具体实现步骤如下：

（1）初始化，获取鼠标点的屏幕坐标(x, y)，并将相机焦点坐标转换为屏幕坐标。

（2）相机焦点深度值（z 值）作为鼠标点的深度值（z 值），并将鼠标点坐标转化为世界坐标(X_W, Y_W, Z_W)。

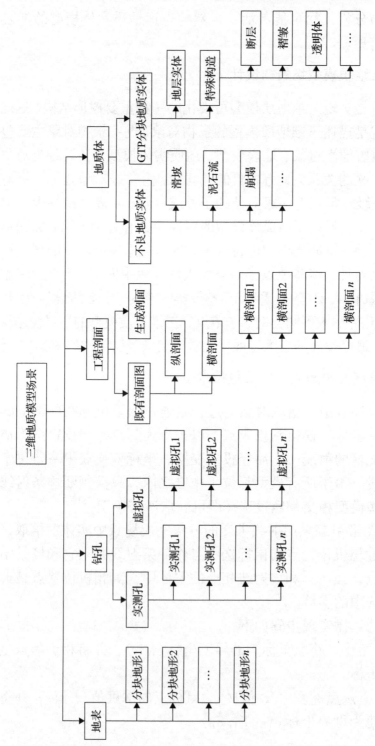

图 3-17 三维可视化地质模型场景树结构

（3）过相机位置点向点(X_W, Y_W, Z_W)作射线 n，并分别求射线 n 和投影空间近截面、远截面的交点 A、B，得到线段 AB。如果射线 n 垂直于视线，则射线 n 和投影空间不相交。

（4）依次取出场景实体列表中的每个实体，获取该实体的转换矩阵，并利用该矩阵将 A、B 点的坐标转换为局部坐标。

（5）计算实体的包围盒，并判断 AB 和包围盒的相对位置。如果 AB 和包围盒相交，则求该实体和 AB 交点的参数值，并将该实体标记为选中对象。如果 AB 和包围盒不相交，则进行下一个实体的处理。

3.5.3　钻孔数据可视化及查询

可视化查询的目的是全面利用三维可视化地质模型，从各个侧面、角度观察获取不同尺度的信息，重新认识在计算机上建立起来的地质对象。钻孔数据可视化的关键是根据地质数据库中的实测钻孔基本信息和地层信息构建钻孔可视化模型。

针对钻孔三维可视化及查询，设计钻孔数据结构如下：

```
typedef struct
{
    CString drillholeName; //钻孔编号
    CString projectName; //对应工程名称
    double dmile; //对应线路里程
    double pdist; //偏距
    float zkdeep; //钻孔总深度
    CString cskj; //孔径
    float fwater; //初见水位
    float ewater; //稳定水位
    float ewatertime; //稳定时间
    float fscale; //比例尺
    int straNums; //包含地层数目
    osg:Vec3d pt; //钻孔孔口位置坐标
    CString ftime; //开孔日期
    CString etime; //终孔日期
    std::vector <Stratum> stratumsInfo;
                        //一个钻孔对应的地层信息
}DrillHole; //钻孔
```

每个钻孔对应若干个地层，设计的地层详细信息数据结构如下：

```
typedef struct
{
    CString drillholeName; //所属钻孔编号
    int dindex; //地层层次
    float fhigh; //地层厚度
    CString lithology; //地层岩性
    CString memo; //岩层说明
    osg:Vec3d ptup; //地层顶点坐标
    osg:Vec3d ptdown; //地层底点坐标
}Stratum; //地层详细信息
```

根据上述数据结构的设计，钻孔对象的可视化实际上就是绘制出钻孔实体在空间中位置的过程。场景中钻孔对象的查询，就是根据对象拾取技术，选中钻孔对象获取数据库中对应的钻孔信息。

一个钻孔的绘制程序实现如下：

```
//绘制一个钻孔
osg::Geode *DrawDrillhole(DrillHole oneDrill)
{
    osg::Geode *geodeDrill=new osg::Geode();
                                    //一个钻孔对象节点
    geodeDrill->setName(oneDrill.strName.GetBuffer(0));
    int stranumss=(int)oneDrill.stratumsInfo.size();
    for(int j=0;j<stranumss;j++)//绘制每个地层
    {
        osg::Vec4fm_color=getColor(oneDrill.stratumsInfo[j].
lithology);//颜色
        osg::Vec3d_center1=oneDrill.stratumsInfo[j].mpt1;
        osg::Vec3d_center2=oneDrill.stratumsInfo[j].mpt2;
        osg::Vec3Array *bounds=new osg::Vec3Array;
        for (int k=0;k<=12;k++)
        {
            double x=_center1[0]+_radus*sin(osg::PI*k/6.0);
```

```
        double y=_center1[1]+_radus*cos(osg::PI*k/6.0);
        double z=_center1[2];
        double x1=_center2[0]+_radus*sin(osg::PI*k/6.0);
        double y1=_center2[1]+_radus*cos(osg::PI*k/6.0);
        double z1=_center2[2];
        bounds->push_back(osg::Vec3(x,y,z));
        bounds->push_back(osg::Vec3(x1,y1,z1));
    }
    osg::Geometry* pyramidGeometry_rode=new osg::
Geometry();
        pyramidGeometry_rode->setVertexArray(bounds);
        osg::Vec4Array* colors=new osg::Vec4Array;
        colors->push_back(m_color);
        pyramidGeometry_rode->setColorArray(colors);
        pyramidGeometry_rode->setColorBinding(osg::
Geometry::BIND_OVERALL);
        osg::Vec3Array* normals=new osg::Vec3Array;
        normals->push_back(osg::Vec3(0.0f,-1.0f,0.0f));
        pyramidGeometry_rode->setNormalArray(normals);
        pyramidGeometry_rode->setNormalBinding(osg::
Geometry::BIND_OVERALL);
        pyramidGeometry_rode->addPrimitiveSet(new osg::
DrawArrays(osg::PrimitiveSet::QUAD_STRIP,0,(int)26));
                                            //绘制对象
        osg::StateSet* stateset=pyramidGeometry_rode->
getOrCreateStateSet();
      stateset->setMode(GL_DEPTH_TEST,osg::StateAttribute::
PROTECTED|osg::StateAttribute::ON);
      CString ssss;
      ssss.Format("%s_%d.%s\n",oneDrill.stratumsInfo[j].
DrillholeName,oneDrill.stratumsInfo[j].dindex,
oneDrill.stratumsInfo[j].lithology);
        pyramidGeometry_rode->setName(ssss.GetBuffer(0));
```

```
geodeDrill->addDrawable(pyramidGeometry_rode);
                                    //添加对象到节点
}
return geodeDrill;
}
```

根据上述函数，针对所有实测钻孔，循环处理可以绘制出钻孔实体对象。钻孔实体对象的可视化建模效果如图 3-18 所示，叠加地表后钻孔实体对象的可视化建模效果如图 3-19 所示。

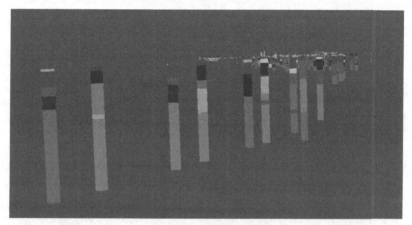

图 3-18　钻孔实体对象的可视化建模效果(颜色模式)

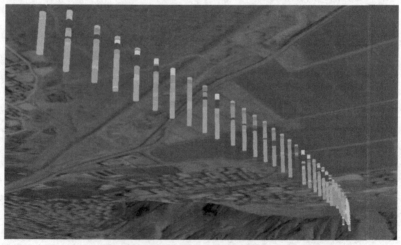

图 3-19　叠加地表后钻孔实体对象的可视化建模效果

3.5.4　工程地质剖面生成及可视化查询

在实体选线工作中，地质体剖切具有非常重要的指导作用和现实意义。三维地质建模与可视化的目的是为选线工程师提供准确直观的地质构造模型，而地质体剖切可以让选线工程师清楚地观察到地表以下地质体的结构、形态特征及空间展布，动态地观察其内部细节，了解实体线路与周围地质环境之间的关系。

1. 地质剖面生成

在地质建模过程中，工程地质剖面生成主要包括：①根据既有 CAD 地质剖面电子图可视化生成三维空间下的地质剖面；②基于构建的三维地质模型，提取任意位置、角度的地质剖面。针对既有 CAD 地质剖面电子图（dwg 格式）的剖面绘制，主要是采用程序提取纵横剖面表达的地层线，形成地层包络线，然后绘制对象，生成效果如图 3-20 所示。

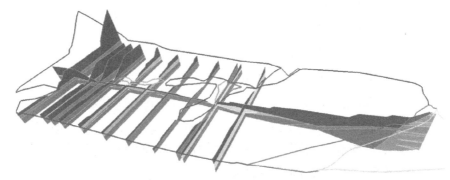

图 3-20　根据既有地质剖面图生成的三维空间下的地质剖面

下面重点介绍第二种根据地质体模型实现剖切功能的算法。尽管剖切的形式多种多样，但本质相同，即基于一个无限伸展的切割面与三维模型相交，形成相应的剖面。在不同剖切功能实现时，可能会出于需要，进行多个剖面的组合显示，以及法线矢量控制的模型隐藏，如三维栅状图、模型开挖图等。

1）剖面求解的一般过程

一般来说，一个无限延伸的切割平面与三维模型相交，形成相应剖面，其求解过程如下：

(1)开辟一个堆栈 S,用来存储与切割面相交的广义三棱柱体元编号。

(2)开辟一个剖面三角形队列 Q,并清空。

(3)遍历构成地质体模型的三棱柱集,判断三棱柱体元是否与切割面相交,若相交,则将其存入堆栈 S 中,并标示为已检测,若不相交,也将其标示为已检测。处理完一个体元后,继续下一个未检测三棱柱体元的判断,如此重复,直到检测完三棱柱集中的所有体元。

(4)从堆栈 S 中依次取出三棱柱体元,求体元与切割面相交形成的多边形,对多边形进行三角形化处理,将形成的三角形存入队列 Q。然后,对该体元做处理标志。

(5)重复步骤,直到堆栈为空,即原堆栈 S 中的所有体元都被处理过为止。

(6)经过上述处理,队列中的三角形即为所求剖面三角化后的三角形集合。

2)剖面多边形生成算法

(1)顶点切割标志的计算。

为实现对地质体模型的剖切分析,需要在广义三棱柱体元的数据结构中为各个顶点添加剖切标志符 BCFlag,开始剖切分析时,首先计算三棱柱体各顶点到剖切平面的距离,根据距离值修改顶点的剖切标志符 BCFlag,若距离大于或等于零,则 BCFlag 记为 1,否则记为 0。由于一个顶点有时会被多个三棱柱体共用,为避免重复计算,在进行顶点标志设置时,可一次性处理待剖切地质体内三棱柱体的所有顶点。

(2)切割面与三棱柱体交点的计算。

首先判断三棱柱体是否被切割面所切割,如果一个三棱柱体各顶点的剖切标志符均为零,则说明该三棱柱体不被切割面切割,转至下一个体元,否则,说明该三棱柱体被切割面所切割,于是进一步进行交点的计算。交点的计算可以分解为切割面与三棱柱体的每一条边的相交计算。方法是逐条判断三棱柱体的每一条边,如果边的两个顶点的剖切标志符不同,则该边与切割面相交,计算出交点的三维坐标及相应的属性内插值,存入三棱柱边数据结构中。为实现三棱柱体剖分,需要在原三棱柱体数据结构设计的基础上,完善三棱柱体与边的拓扑关系记录，并在边数据结构中设计交点信息字段[56]。

(3)切割面与三棱柱体相交子多边形的生成。

切割面与三棱柱体相交会形成相交子多边形，连接形成的子多边形的方法是：首先找到第一个交点作为子多边形的第一个顶点，依次检测三棱柱体的每一条边，根据三棱柱体各元素之间的关系，如边与面、面与边的关系，找到与该点所在边共面且与剖面有交点的边，记下交点并将其作为子多边形的下一个顶点，依此类推，直到最终的顶点与第一个顶点重合为止[57]。经过上述工作，即完成切割面与三棱柱体相交子多边形的生成。

(4)剖面多边形的连接生成。

广义三棱柱模型与切割面相交形成剖面多边形，该多边形是各体元与切割面相交形成的子多边形的集合。为利用各体元及相交子多边形属性表达地层差异，各相交子多边形并不做实质上的连接合并，只是在进行剖面图的绘制时，遍历所有的子多边形，相同属性的用一种颜色或纹理进行表达，实现视觉上的合并，经过上述工作，即可完成整个剖面多边形的绘制显示。

3)三棱柱体元的剖切构形

广义三棱柱体元的分割一共存在 5 种不同的构形,如图 3-21 所示。这 5 种切割组成了对三棱柱的基本切割方式，而且能保持数据结构上的互补对称性和旋转对称性。在切割时，规定每条边与切割面最多只能有一个交点，这样将三棱柱体元一分为二，并形成两个多面体，这两个多面体若不是基本体元，还可以再次进行剖分，形成一个或多个三棱柱体[58]。

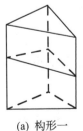  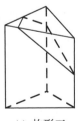  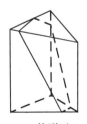

(a) 构形一　　　(b) 构形二　　　(c) 构形三　　　(d) 构形四　　　(e) 构形五

图 3-21　单个三棱柱的切割构形

对已建好的三维地质模型进行任意位置和角度剖切，完成的三维地质模型多截面剖切如图 3-22 所示。

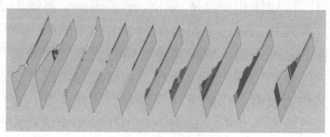

(a) 横剖面效果

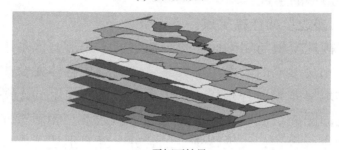

(b) 平切面效果

图 3-22　三维地质模型多截面剖切[59]

2. 地质剖面信息可视化查询方式[60]

选线过程中，选线工程师需要随时查询地质剖面信息，以便做出准确的判断，剖面查询方式主要有以下几种：

(1)沿线路中线剖面查询。确定线路走向之后，根据线路纵剖面剖切带状地质实体模型或根据线路沿线钻孔信息，生成沿线剖面模型，沿线路中线剖面查询如图 3-23 所示。

(2)选定任意里程进行中桩横断面剖面查询。通过地质模型横断面剖切，查询该中桩里程处的横断面地层情况，特别是路堑和隧道地段，可以根据剖面图判断路堑和隧道设置是否合理，中桩横断面剖面查询如图 3-24 所示。

(3)在需要查询的区域，构建任意多边形进行剖面查询，如图 3-25 所示。

图 3-23　沿线路中线剖面查询　　　　图 3-24　中桩横断面剖面查询

 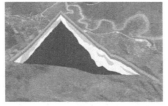 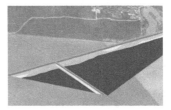

图 3-25　多边形剖面查询

3.5.5　地质体空间计算与分析

1. 地质对象提取技术

针对线路经行的地质敏感区域,从整体的三维地质环境中提取地质对象进行动态观察分析,有助于帮助选线工程师了解地下构造详情,做出合理判断,主要针对面状地质对象(如滑坡、泥石流等)进行区域范围提取。地质体提取处理流程如下:

(1)根据地质体空间边界,以地质体空间边界为模板,提取滑坡体表面数字高程模型,可从地质数据库中提取地质体三维边界坐标点 $\sum P_c^i$。

(2)在边界范围内,根据 DEM 数据,确定地质体边界范围内的 DEM 数据 $\sum P_{dem}^i$。

(3)连同边界点及范围内的 $\sum P_c^i$ 和 $\sum P_{dem}^i$,基于钻孔数据库和插值算法,内插该范围的地层信息。

(4)构建 GTP 三棱柱 $\sum_{i=1}^{n} GTP_i$,n 为三棱柱总数,并记录每个三棱柱顶面三角形的顶点坐标。

（5）计算每个三棱柱顶面三角形的面积，设三角形的三个顶点坐标分别为 $P_{1i}(x_1, y_1, z_1)$、$P_{2i}(x_2, y_2, z_2)$ 和 $P_{3i}(x_3, y_3, z_3)$，则面积计算公式为

$$s_i = \frac{1}{2}\left|x_1 y_2 + x_2 y_3 + x_3 y_1 - x_1 y_3 - x_2 y_1 - x_3 y_2\right| \tag{3-1}$$

计算总的地质体表面积，即

$$S = \sum_{i=1}^{n} s_i \tag{3-2}$$

地质体表面积计算示意图如图 3-26 所示。

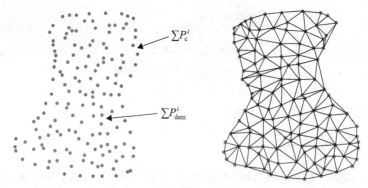

图 3-26　地质体表面积计算示意图

（6）记录每个三棱柱的总高度 h_i，计算每个三棱柱体积，即

$$v_i = \frac{1}{3} s_i h_i \tag{3-3}$$

计算总的地质体体积，即

$$V = \sum_{i=1}^{n} v_i \tag{3-4}$$

（7）根据地质体的地层信息，寻找最小的 z 坐标，补齐提取地质体的底层为统一高程的地层。

（8）基于 GTP 构建大比例的地质对象实体模型并可视化显示。

地质体提取效果如图 3-27 所示。其中提取地质对象实现的边界判

断程序如下:

```
//判断点是否在多边形边界内
BOOL IsPtInLoop(osg::Vec2d pt,std::vector<osg::Vec3d>
m_pts1)
{ int j,k;
double x1,x2,y1,y2,xn;
if(pt[0]<minx || pt[0]>maxx || pt[1]<miny || pt[1]>maxy)
     return FALSE;
k=0;
int num=m_pts1.size();
for(j=0;j<num-1;j++){ x1=m_pts1[j][0]; y1=m_pts1[j][1];
     if(fabs(pt[0]-x1)<0.001 && fabs(pt[1]-y1)<0.001)
          return TRUE;
     x2=m_pts1[j+1][0]; y2=m_pts1[j+1][1];
     if(fabs(pt[0]-x2)<0.001 && fabs(pt[1]-y2)<0.001)
          return TRUE;
     if(pt[0]<x1 && pt[0]<x2) continue;
     if(pt[1]<y1 && pt[1]<y2) continue;
     if(pt[1]>y1 && pt[1]>y2) continue;
     if(fabs(y2-y1)<0.001)
     {
          if(fabs(pt[1]-y1)>0.001)
               continue;
          else if((pt[0]>=x1 && pt[0]<x2)||(pt[0]>=x2 &&
pt[0]<x1))
               return TRUE;
     }
     if(pt[0]>=x1 && pt[0]>x2)
          k=k+1;
     else{
          xn=x1+(pt[1]-y1)*(x2-x1)/(y2-y1);
          if(fabs(pt[0]-xn)<0.001)
               return TRUE;
```

```
        else if(pt[0]>xn)
            k=k+1;
        }
    }
if(k%2==1)
    return TRUE;
return FALSE;
}
```

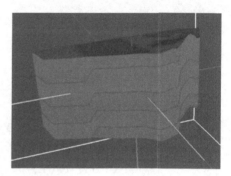

图 3-27　地质体提取效果

2. 地质体量算分析

地质体量算分析主要以交互查询的方式实现。一般查询三维地质体的空间数据和属性数据，包括点坐标、线长度、空间和平面距离、面积和体积、线条投影角等，专业查询主要包括土石方量，以及前面分析的钻孔查询、剖面查询等。以地质体空间几何数据的计算原理进行量算分析。

1) 体积

如果三维实体采用四面体模型或标准棱柱体，则可以较容易求出实体的体积为所有四面体或棱柱体的体积之和。对于不规则几何体构造的任意地质实体，计算则较为复杂。可以借用积分的思想，对三维实体的区域进行正规网格划分，计算出每个小区域上的体积，累积即可求出三维实体体积的估计值。

如图 3-28 所示，可以用小区域的中心铅垂线计算与实体表面的交点，求出这些交点的距离之和，乘以小区域的面积即为小区域上实体

的体积，累积计算出实体的体积(理论上如果网格划分足够小，计算值将趋近于三维实体的真实值)。小区域上实体的体积计算公式为

$$v = \frac{1}{6} \begin{vmatrix} x_1 & y_1 & z_1 & 1 \\ x_2 & y_2 & z_2 & 1 \\ x_3 & y_3 & z_3 & 1 \\ x_4 & y_4 & z_4 & 1 \end{vmatrix} \tag{3-5}$$

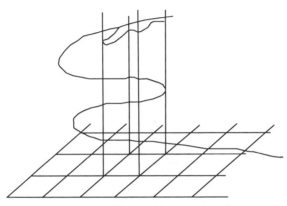

图 3-28　体积量算原理及公式

2) 曲表面积

空间曲表面均由三角形面片拟合而成，所以曲表面积即为组成的所有三角形面片的面积总和，公式为

$$S = \sum_i S_i \tag{3-6}$$

三角形的面积可以用式(3-7)计算：

$$S_i = \frac{1}{2} \mathrm{abs} \begin{vmatrix} 1 & 1 & 1 & 1 \\ x_1 & y_1 & z_1 & 1 \\ x_2 & y_2 & z_2 & 1 \\ x_3 & y_3 & z_3 & 1 \end{vmatrix} \tag{3-7}$$

其中，三角形面积计算示意图如图 3-29 所示。

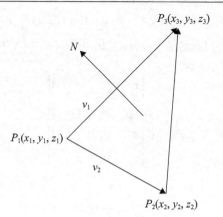

图 3-29　三角形面积计算示意图

或者，用叉积计算，即

$$S_i = \frac{1}{2}\left|v_1 \times v_2\right| \tag{3-8}$$

三角形的法线（归一化）计算公式为

$$N = \frac{v_1 \times v_2}{2S_i} \tag{3-9}$$

法线与铅垂线（垂直向上，向量表示为$(0,0,1)$）的夹角为$\theta = \arccos N_z$，即为三角形的倾角。

3) 投影面积

三角形投影面积计算示意图如图 3-30 所示。

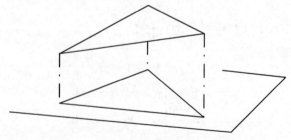

图 3-30　三角形投影面积计算示意图

$$S_P = S_i \cos\theta \tag{3-10}$$

式中，θ 为三角形的倾角。

由式 (3-10) 可以推出，三角形在 XY 平面上的投影面积为 $S_P = S\Delta N_Z$，依此类推，在 YZ 平面上的投影面积为 $S_P = S\Delta N_X$，在 ZX 平面上的投影面积为 $S_P = S\Delta N_Y$，对于更一般的情况，可以由上面的原理推出。需要说明的是，投影面积应是非负数，但是公式中的投影面积可能是负数，这与三角形正反面的定义有关。

由于空间曲面是由一系列三角形面片构成的，空间曲面的投影可以认为是这些三角形在平面上的投影三角形的集合，空间曲面的投影面积也应当是这些投影三角形的面积之和。

根据量算的基本原理，对于地质体对象的土石方量查询，如图 3-31 所示，实际上是计算各地层三棱柱体积之和。

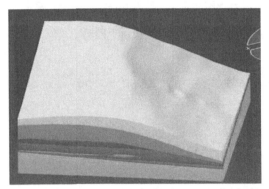

图 3-31　地质体土石方量查询

3.5.6　模型三维可视化表达

1. 模型多角度观察

模型多角度观察包括前视、后视、顶视、底视、左视、右视、前等轴测、后等轴测，以及自由旋转观察等。下面基于 OSG 实现模型的多角度观察。

1) OSG 坐标系设置

使用世界坐标系描述物体在三维虚拟场景中的空间位置。OSG 世界坐标系采用右手坐标系，X 轴自左指向右，Y 轴自外指向屏幕里，Z 轴自下指向上。

物体坐标系：通常描述的是特定物体的内部对象，主要包括物体的顶点、物体的法向量和物体的方向。每一个物体都有自己的坐标系，当物体发生交换时，实际上是它本身的坐标系相对于世界坐标系发生变换的过程。

相机坐标系（眼坐标系）：用于观察三维场景，设置从什么方向、什么位置来观察物体。使用 osg::Camera 节点来实现，Camera 类保存大量的相机设置参数，如视口、投影矩阵和背景颜色等。(n,u,v)以眼睛为原点。

n：从参考点 center 指向视点 eye 的向量，相当于世界坐标系的 Z 轴。

u：视点 up 方向和 n 的叉积，相当于 X 轴。

v：n 与 u 的叉积，相当于 Y 轴。

计算场景中某一特定节点对象在世界坐标系下的坐标，只需要将该节点的根节点和该节点之间的所有变换矩阵相乘即可。

实现程序如下：

```
class getWorldCoordOfNodeVisitor:public osg::NodeVisitor {
public:
    getWorldCoordOfNodeVisitor():
    osg::NodeVisitor(NodeVisitor::TRAVERSE_PARENTS),
done(false)
        { wcMatrix=new osg::Matrixd();}
        virtual void apply(osg::Node &node)
        { if(!done){
            if(0==node.getNumParents()) // 到达根节点
            {wcMatrix->set(osg::computeLocalToWorld(this->
getNodePath()));
                done=true;}
            traverse(node);}}
        osg::Matrixd* giveUpDaMat()
        {return wcMatrix;}
    private:
        bool done; osg::Matrix* wcMatrix;
    };
    //得到一个节点的矩阵
```

```
osg::Matrixd * getWorldCoords(osg::Node* node)
{
    getWorldCoordOfNodeVisitor* ncv =
new getWorldCoordOfNodeVisitor();
    if (node && ncv)
    {
        node->accept(*ncv); return ncv->giveUpDaMat();
    }
    else
    {
        return NULL;
    }
}
```

2)多角度观察的矩阵变换

(1)模型变换。

模型在三维空间场景中的移动、旋转、缩放都是通过对矩阵进行操作实现,OSG 中矩阵可以当成一个特殊的节点加入组节点中,设置空间变换节点的方法有两类:

①设置空间变换矩阵的值,使用 osg::MatrixTransform 类。

通过 setMatrix(osg::Matrix::translate(x, y, z))实现模型移动。

通过 setMatrix(osg::Matrix::scale(x, y, z))实现模型缩放。

通过 setMatrix(osg::Matrix::rotate(x, y, z))实现模型旋转。

②设置变换的平移、旋转和缩放值,使用 osg::PositionAttitude Transform 类。

模型变换是在物体坐标系下进行的,当需要依次执行物体的平移、旋转和缩放操作时,不同的操作顺序会直接导致不同的运算结果,所以需要遵循 SRT(Scale/Rotate/Translate)顺序原则。

(2)视点变换。

与模型变换相对应,采用视点变换改变观察点的位置和方向,即改变照相机的位置和拍摄角度,从而改变最终的拍照结果。模型变换和视点变换在改变观察点的位置与方向和改变物体本身的位置与方向上具有等效性。经过视点变换后可以将场景从世界坐标系转换到相机坐标系。在实际实现过程中不用去计算相机坐标系，只要知道视点位置和视点方向就可以确定一个相机坐标系。

OSG 中使用 osg::Camera 节点来实现，也就是相机节点。相机节点的功能为：实现视点变换，构建观察的投影矩阵和窗口矩阵，并合并为 MVPW 矩阵，实现三维场景向二维平面的映射，通过观察矩阵、投影矩阵和窗口矩阵的不断变化，最终在计算机屏幕实现三维浏览和交互漫游需求。

(3)投影变换。

投影变换相当于拍照时通过选择镜头和调整焦距等，将景物投射到二维底片的过程。投影变换的目的是产生一个视景体，视景体有如下两个作用：

①决定一个物体如何映射到屏幕(透视投影：棱台状视景体；正投影：平行视景体)。

②决定哪些物体(或物体的某一部分)被裁减到最终的图像之外。

(4)视口变换。

将投影变换得到的结果反映到指定的屏幕窗口上，场景最终变换到窗口坐标系中。

2. 多角度观察的基本过程

(1)设置相机位置：视点变换，即观察者是从什么方向和位置来观察物体的。

(2)调整物体位置：模型变换，即选定模型位置，对场景进行安排。

(3)选择镜头，调整焦距：投影变换，将景物投射到二维底片的过程，这里就是把模型投射到屏幕的过程。

(4)冲洗照片：视口变换，将投影变换的结构反映到指定屏幕窗口。地质体多角度观察效果如图 3-32 所示。

3. 模型可视化表达

针对线路地质情况复杂区域、重点工程选线区域，基于地质对象提取技术和 GTP 地质实体建模技术，构建大比例尺地质模型，基于上述多角度观察和地质体剖切的原理，实现地质对象模型多种方式的可视化表达，如模型提取与单独可视化、剖切显示、多边形切割显示等，如图 3-33 所示。

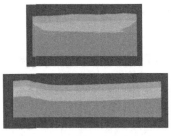

图 3-32　地质体多角度观察效果

(a) 矩形区域提取与可视化　　　　　　(b) 多边形区域提取与可视化

(c) 地质对象矩形开挖显示　　　　　　(d) 地质对象多边形切割效果

图 3-33　地质模型三维可视化

第4章　铁路线路实体三维建模

　　线路实体相对线路中心线而言，主要是指由路基结构、桥梁与高架结构、隧道结构等共同组成的空间三维带状构造物实体。铁路实体选线设计的过程就是在已建立的虚拟地理环境中快速动态建立一个或多个包含带状构造物信息的参数化线路实体模型，选线工程师可以直接针对模型进行空间位置调整、构造物分界里程和结构形式的参数化修改等。因此，本章介绍的铁路线路实体建模是新建线路的三维建模，要求满足快速自动化建模、参数化修改和动态更新的需求。

4.1　建模技术概述

4.1.1　建模基本思想

　　目前常见的构建物体三维几何模型的方法和途径有很多，如针对既有结构物，可以采用三维扫描仪或者图像建模的方式建立，或者根据采集的几何参数，采用具备几何造型功能的软件进行手工或程序开发创建。针对设计中的结构物模型建立的方法通常有两类：①利用第三方软件如 AutoCAD、3ds Max、Maya 和目前常用的 BIM 软件进行手工建模，再将模型导出；②根据设计参数，利用图形 API，如 OpenGL、OSG 或绘图软件开发工具包(SDK)进行几何造型生成。方法一生成复杂模型较为方便，但不易修改；方法二从底层开发进行模型构建，比较困难，但可以实现编程自动化，易于参数化控制。铁路线路一般里程较长、构造物数量多且结构复杂，设计过程中路基边坡、隧道洞口等结构还需要与地形反复求交，线路三维模型要求实时自动建模，采用上述任意一种单一的方法都很难实现。因此，实体选线设计的线路建模应针对线路结构物的类型与特点，综合采用上述两种方法进行建模，即根据线路设计通用标准图，针对标准结构物和可组合的复杂结构物先构建基础单元模型，形成基元模型库，针对不同技术标准下的线路实体建模时，调用基元模型，通过参数化控制进行组合建模，称为基元拼装式建模方法；针对曲线地段构造物、与地形交叉或变截面的结构物，提取控制断面和延伸路径参数，采用图形 API 进行程序参数化控制构建模型，称为放样式建模方法。

4.1.2　参数化建模技术

参数化建模是 20 世纪末逐渐占据主导地位的一种计算机辅助设计方法，是参数化设计的重要过程。实体选线过程中就需要实时构建选线设计方案的各个构造物模型，确定其几何尺寸和位置信息，并表达各个结构物之间的位置关系。从这个意义上来说，工程师的设计都是三维设计，只是由于技术上的限制，以前的设计只能用三视图方式来表达空间三维实体[61]。因此，实体选线过程建立的线路实体模型是一种动态可修改的模型，设计更改后模型会自动更新，参数化技术必须贯穿线路三维建模的始终。

参数化技术是将设计时需要使用的规则、需求以及方法等采用可变的参数来表示设计，在设计过程中根据设计需要和实际情形进行实时的修改。具体来说，参数化技术就是采用一组特征参数来定义一个几何形体，将特征参数与几何图形进行约束关联，并在计算机中建立几何图形的这些约束关系，接下来操作者只需要修改计算机中特征参数的具体值，计算机自动通过参数化尺寸驱动完成几何图形的相应改动。不同于传统的删除和重新绘制几何图形，参数化技术使得特征参数具体值的修改能自动完成设计对象尺寸的修改，具有显著的对应关系和相关性[62-65]。

参数化技术的主要特点如下[61]：

(1)几何特性参数。采用某些具有代表性的几何形体的尺寸参数来定义几何形体，如长、宽、高是长方体的几何特性参数，确定了几何特性参数，就能确定几何形体。

(2)全尺寸约束。将几何形体和尺寸参数统一起来考虑，以尺寸参数具体值的变化来控制几何形体的变化。

(3)尺寸驱动。修改某一尺寸参数具体值，计算机自动查找出该尺寸参数相对应的几何形体某一个或几个数据并修改它们的具体值，驱动几何形体改变，来完成对设计的修改。

4.2　线路构造物基元模型库构建

根据线路实体模型构建的基本指导思想，线路构造物采用基元拼装建模时，首先需要构造物标准图建立构件单元模型，形成基元模型库。铁路线路构造物主要包括路基、桥梁、涵洞、隧道及沿线附属设施。将各类构造物根据功能分成不同的构件，建立各构件的单元模型，从而建立构造物基元模型库。线路实体快速建模时，根据构造物的具体设计参数，调用基元库中对应构件的基元模型快速组装成桥梁、涵洞、隧道等构造物三维实体模型。

4.2.1　基元模型分类与编码

1. 分类与编码方法

根据线路工程各专业属性划分为轨道工程、路基工程与排水工程、桥涵工程、隧道工程、站场工程、牵引供电工程、通信信号、机车车辆、沿线其他设施及设备共九个子库，其中牵引供电工程、通信信号、机车车辆并不属于线路构造物的范畴，但是考虑到列车牵引计算与三维运行仿真场景建模的需要，将其一并建模建库管理。

为了在线路三维场景中有效管理和检索基元模型，先对基元模型进行详细编码，形成基元模型的唯一标识。基元模型 ID 编码方法设计为 X XX XX XX，即 X(子库目录代码 A～Z)+XX(结构物类型代码 01～99)+XX(构件模型类别代码 01～99)+XX(基元模型类别代码 01～99)。

2. 基元模型分类编码表设计

针对每个子库的结构物类型，还需要进行详细的结构物类型、构件类型和基元类型划分。铁路线路构造物及设备基元模型库分类表见表 4-1。

表 4-1　铁路线路构造物及设备基元模型库分类表

根目录	子库	结构物类型
基元模型库	A 轨道工程	A01 钢轨、A02 轨枕、A03 有砟道床、A04 无砟轨道、A05 道岔、A06 扣件、A07 接头连接零件、A08 防爬设备、A09 加固设备、A10 减震设备、A11 钢轨伸缩调节器
	B 路基工程与排水工程	B01 标准断面、B02 基床、B03 防护工程、B04 支挡工程、B05 排水工程
	C 桥涵工程	C01 上部结构、C02 下部结构、C03 桥面系、C04 桥梁附属设施、C05 涵洞
	D 隧道工程	D01 洞门、D02 洞身、D03 仰拱、D04 通风设备、D05 救援设备、D06 防排水工程、D07 其他附属建筑物
	E 站场工程	E01 客运设备、E02 货运设备、E03 线路设备、E04 通号工程、E05 路基工程、E06 安全设施、E07 防灾救援设施
	F 牵引供电工程	F01 接触网、F02 变压站
	G 通信信号	G01 通信信号设备
	H 机车车辆	H01 机车、H02 车辆、H03 动车组
	I 沿线其他设施及设备	I01 声屏障、I02 铁路护栏、I03 人行道

构件类型和基元类型的划分以轨道工程子库为例,轨道由钢轨、轨枕、有砟道床、无砟轨道、道岔、扣件、接头连接零件、防爬设备、加固设备、减震设备、钢轨伸缩调节器等主要部件组成。其中钢轨类型一般以每延米质量(kg/m)来表示。目前,我国现行铁路的钢轨类型主要有 75kg/m、60kg/m、50kg/m、43kg/m 以及 UIC 60kg/m,因此钢轨的构件划分可以分为 75 轨、60 轨、50 轨、43 轨、UIC60 轨。

轨枕可以用于线路一般区间、道岔、无砟桥梁。木枕可分为普通木枕和桥梁木枕,普通木枕包含普通 I 类、普通 II 类。混凝土枕可分为 I 型、II 型、III 型,新设计的 III 型混凝土枕分为有挡肩 2.6m、无挡肩 2.6m、有挡肩 2.5m、无挡肩 2.5m。我国还研发了一些特种混凝土枕,如混凝土宽枕包括弦 76 型、筋 76 型、弦 82 型、筋 82

型。钢枕、合成枕、混凝土桥枕按特殊类型归类,由于篇幅有限,这里仅以轨道工程部分基元模型为例,对基元模型类型划分进行举例说明。

1) A01 钢轨

钢轨类型划分及编码见表 4-2。

表 4-2　钢轨类型划分及编码表

结构物类型	构件类型	基元模型类型
A01 钢轨	A0101 75 轨	A010101 75 轨
	A0102 60 轨	A010201 60 轨
	A0103 50 轨	A010301 50 轨
	A0104 43 轨	A010401 43 轨

2) A02 轨枕

轨枕类型划分及编码见表 4-3。

表 4-3　轨枕类型划分及编码表

结构物类型	构件类型	基元模型类型
A02 轨枕	A0201 普通木枕	A020101 普通 I 类
	A0202 桥梁木枕	A020201 桥梁木枕
	A0203 I 型混凝土枕	A020301 S-1 型
	A0204 II 型混凝土枕	A020401 S-2 型 A020403 Y II -F 型
	A0205 III 型混凝土枕	A020501 有挡肩 2.6m 长 A020502 无挡肩 2.6m 长
	A0206 混凝土宽枕	A020601 弦 76 型 A020603 弦 82 型
	A0207 混凝土桥枕	A020701 混凝土桥枕
	A0208 钢枕	A020801 钢枕

4.2.2 基元模型几何建模方法

1. 建模软件手工建模方法

使用建模软件进行几何建模一般可采用基本体素法、拉伸旋转扫描变换法、放样法、点线面结合法和混合使用法等方法。

基本体素法的基本思想是：利用系统所提供的简单形体(体素)通过布尔运算来构造复杂造型。使用这种造型方法时，需将待构造形体拆成若干相应的基本体素，它一般用于相对简单的形体，若形体复杂，则需用另外方法或(和)与其他方法结合使用。目前常用的矢量建模软件都提供了丰富的基本几何形体，如圆柱、圆台、圆锥、棱柱、棱台、棱锥、球、楔块、立方体、圆环等，充分利用这些形体，通过布尔操作，可以使建模过程快速有效[66]。基本体素法构造双柱式矩形桥墩示意如图 4-1 所示。

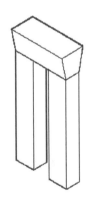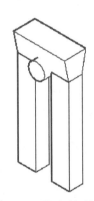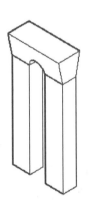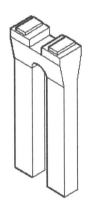

图 4-1　基本体素法示例(双柱式矩形桥墩)

拉伸旋转扫描变换法的基本思想是：实体造型是由一个点、一条线、一个面或一个形体沿某一路径运动而产生的。因此，可采用二维操作技术形成一个有效面(横截面)，通过拉伸或旋转生成物体的造型。通过拉伸得到的造型，必须给出拉伸路径的尺寸或坐标。通过旋转得到的造型，则需给出旋转轴和旋转角度，从而形成一个完全或仅是扇形的旋转体，再通过布尔操作，得到所需要的几何形体[66]。拉伸法示例如图 4-2 所示，旋转法示例如图 4-3 所示。

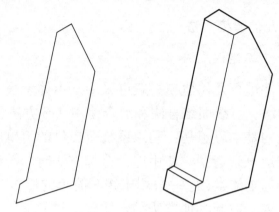

图 4-2　拉伸法示例(折背式重力挡土墙)

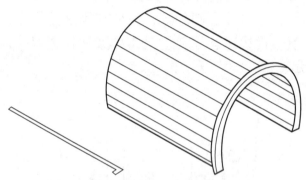

图 4-3　旋转法示例(直切式隧道洞门)

放样法能够对极为复杂的形体进行造型,如车、船、飞机等,对其他方法不可能造型的形体几乎都可以通过放样得到。它的思想是将三维空间中的多个二维截面通过一定的路径扫描,从而生成三维造型[67]。放样之后的造型亦可以进行布尔运算得到复杂的形体,如高速铁路正切式隧道洞门建模,如图 4-4 所示。

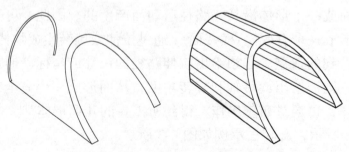

图 4-4　放样法示例(正切式隧道洞门)

点线面结合法建模的基本思想是：任何物体都由点、线、面构成，有限个面（平面或曲面）组合起来即构成形体。对于由一些面构成的不规则形状的形体，尤其是平面构成的体，可以先确定空间三维点的位置，绘出空间直线，然后形成平面或曲面，从而形成所需要的造型，如单肢薄壁桥墩建模，如图 4-5 所示。

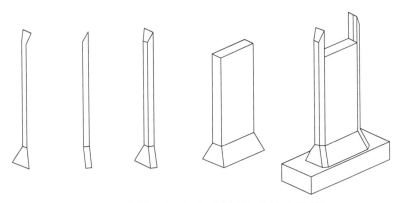

图 4-5　点线面结合法示例（单肢薄壁桥墩）

对于非常复杂的造型，一般不能仅仅使用上述的某一种方法，而需先使用上述某种方法各自构造形体，然后将所构造的各个形体合并得到所需造型，即混合使用法。构造一个复杂形体的几个部分时，可先建立独立的文件，最后将所建好的各个造型文件合并到同一场景中，如 CRTSI 框架型板式无砟轨道建模，如图 4-6 所示。

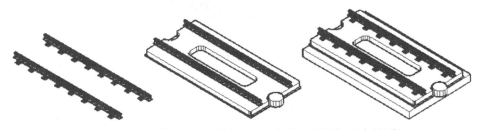

图 4-6　混合使用法示例（CRTSI 框架型板式无砟轨道）

2. 基元模型参数化建模方法

三维参数化建模的关键在于用参数、公式及特征等驱动图形以达到修改图形的目的。以正线有砟轨道结构单元为例，对三维参数化建模方法进行说明。

1) 标准结构化参数及特性

将正线有砟轨道结构单元按照钢轨、轨枕、道床三部分进行分解，第一步首先获取各部分的断面尺寸及特性。例如钢轨，其断面图如图 4-7 所示，断面尺寸见表 4-4，轨枕、道床参数及特性可查相应铁路规范或设计手册得到。

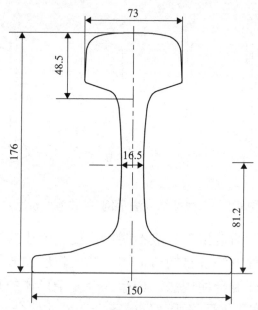

图 4-7　60kg/m 钢轨断面图(单位：mm)

表 4-4　60kg/m 钢轨断面尺寸

序号	项目名称	尺寸/mm
1	重心距轨底面距离 y_1	81.2
2	钢轨高度 H	176
3	钢轨底宽 B	150
4	轨头高度 h	48.5
5	轨头宽度 b	73
6	轨腰厚度 t	16.5

2) 参数设置实现

通过设置钢轨断面点数、钢轨尺寸参数、轨枕尺寸参数、道床参数和对应的纹理可以生成有砟轨道结构单元,模型单元长度可自由选择。当各部件参数中有任意尺寸值设置为 0 时,该部件将不会绘制。有砟轨道结构单元参数设置如图 4-8 所示。

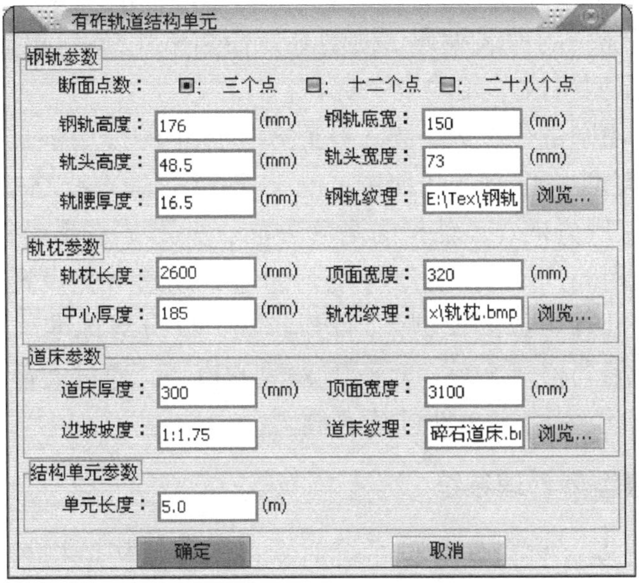

有砟轨道结构单元

钢轨参数
断面点数: ■: 三个点　□: 十二个点　□: 二十八个点
钢轨高度: 176 (mm)　钢轨底宽: 150 (mm)
轨头高度: 48.5 (mm)　轨头宽度: 73 (mm)
轨腰厚度: 16.5 (mm)　钢轨纹理: E:\Tex\钢轨 [浏览...]

轨枕参数
轨枕长度: 2600 (mm)　顶面宽度: 320 (mm)
中心厚度: 185 (mm)　轨枕纹理: x\轨枕.bmp [浏览...]

道床参数
道床厚度: 300 (mm)　顶面宽度: 3100 (mm)
边坡坡度: 1:1.75　道床纹理: 碎石道床.b[[浏览...]

结构单元参数
单元长度: 5.0 (m)

[确定]　[取消]

图 4-8 有砟轨道结构单元参数设置

3) 图形 API 绘制

根据设置好的参数坐标,以连续四边形片(GL_QURD_STRIP)绘制各部件,生成的有砟轨道结构单元模型基元如图 4-9 所示。

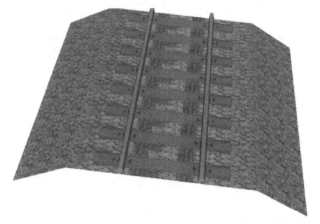

图 4-9 有砟轨道结构单元模型基元

4.2.3 基元模型标准化处理

同一模型库中模型基元的建立都要遵循相同的标准，以便在线路三维建模过程中不需要做太多的修改。这里的标准主要有以下几个：

(1)采用统一的命名编码。模型基元命名采用统一的编码格式，也是线路实体模型组成单元的唯一标识。

(2)采用相同的坐标系。读入基元模型库中的模型都具有相同的局部坐标系，模型中心为其几何中心，X 轴指向垂直线路前进方向，Y 轴指向线路前进方向，Z 轴指向高度方向，并形成右手坐标系。

(3)采用相同的 LOD 分级标准。通过不同参数化设置生成的模型或 LOD 简化处理生成的模型采用相同的 LOD 分级标准。

(4)存储相同格式文件。对不同来源的模型，通过文件读写转换接口预处理输出统一格式文件进行存储。

4.2.4 基元模型库管理系统

通过建立基元模型库管理系统对众多的线路构造物基元模型进行管理和更新。

1. 基元模型库层次结构

基元模型库的层次结构要解决的是模型资源及其配套的资源以何种方式组织的问题，它既要与三维模型的资源组成吻合，又要与基元模型分类编码方法相一致，还要便于基元模型的检索与使用。研究采用树形结构分类存储基元模型，这样既符合场景图的组织结构，又结合了分类编码设计的思想。树形结构根节点是模型库目录，枝干节点是子库目录，叶节点是模型类型，每种类型都包含一个独立的列表存储目录，存放着所有属于该类型的基元模型，最后所有的类型包含于模型库根目录下，组成了完整的基元模型库层次结构树[68]，如图 4-10 所示。

2. 基元模型库管理系统主要功能设计

1)基元模型入库管理

基元模型入库管理包括基元模型的查询、搜索、单模型添加、批量模型添加、模型删除等功能。基元模型入库管理界面如图 4-11 所示。

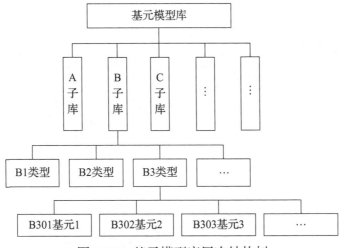

图 4-10　基元模型库层次结构树

图 4-11　基元模型入库管理界面

2) 基元模型预览及属性查询

在列表中单击所需查看的基元模型，右侧模型预览区会预览到该模型，同时在属性状态栏显示该模型特点、用途的文字性描述。图 4-12 为 75kg/m 钢轨查询显示结果。

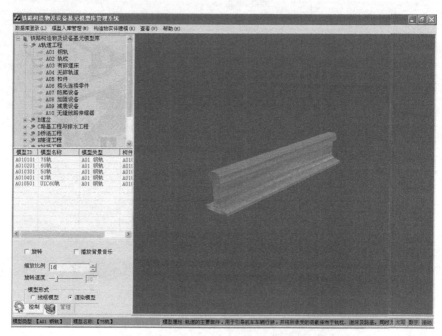

图 4-12　75kg/m 钢轨查询显示结果

3）基元模型资源维护

由于应用场景或仿真环境的变化，可能要对基元模型资源做适当修改更新，如更新纹理文件、修改属性信息等。通过进入资源索引窗口，读取并显示当前基元模型资源文件，启动资源文件对应的编辑软件可以打开模型元件、纹理或矢量图形进行编辑，实现对基元模型的更新和维护。图 4-13 为基元模型纹理修改。

图 4-13　基元模型纹理修改

4.3　线路实体基元拼装式建模方法

4.3.1　基元拼装式建模描述

基元拼装式建模方法通过设计合理的拼装方案来调用基元模型库中的基元模型，保证基元拼装过程合理有序，构造物模型拼装准确。一般情况下，基元拼装的过程应遵循线路构造物的施工建造流程，本节描述的拼装式建模方法主要针对采用标准图可以预制的线路结构建模开展。下面以简支桥梁结构物拼装进行方法描述。

铁路选线设计布置桥梁的孔跨样式，一般以布置简支梁桥居多，简支梁桥的拼装过程分为下部结构拼装和上部结构拼装。首先拼装下部桥墩，然后以桥墩为基础完成简支梁的拼装。

桥墩的拼装包括桥墩的定位、旋转等操作。桥墩定位以线路中心线为定位基础，首先在三维空间中沿线路中心线确定出桥墩放置里程位置的空间点三维坐标，其次从模型库文件中调取桥墩基元模型，将基元模型的定位点置于里程点处完成桥墩的定位。桥墩基元模型的定位点位于其几何建模坐标系的原点，桥墩建模时可以将定位点设置在桥墩顶端截面的中心位置。

桥墩放置点坐标的确定以桥梁的布设里程和桥梁的孔跨样式为基准。在进行线路构造物建模时，简支梁桥墩定位点的布设以桥梁布设里程起始点开始，以简支梁的长度为桥墩的布置间隔，通过桥梁里程段的线路长度计算出桥墩的数量及布置点里程。将桥墩基元模型的定位点放置在计算得出的里程点位置即完成桥墩的定位。

旋转操作是以桥墩基元模型定位点为中心分别绕 X、Z 两个坐标轴进行一定角度的旋转，使得桥墩与线路中心线处于正确的相对位置的过程。基元模型围绕 Z 轴进行旋转即在水平面内进行旋转，使桥墩的横向与线路的纵向在水平面内保持相互垂直；基元模型围绕 X 轴进行旋转即向线路纵向旋转，使得基元模型的位置满足线路纵向坡度的要求。

简支梁的拼装过程同样包含定位与旋转等操作。简支梁模型以起始端截面竖向中心线的底端为定位点，如图 4-14 所示。

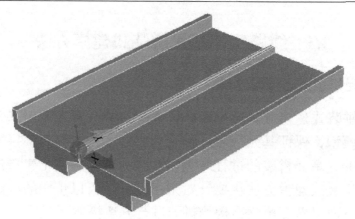

图 4-14　板式简支梁初始位置

简支梁定位以桥墩的布置点里程为基础，将每一片梁的定位点与桥墩的定位点重合以此来确定简支梁的拼装位置。简支梁的旋转与桥墩的旋转相同，需要满足线路平、纵、横方向的要求。

4.3.2　基元拼装计算与实现

模型基元的组合拼装主要需要控制三个参数，即模型基元放置位置、大小和方向。由于所有模型基元入库前已经进行了标准化处理，模型 Y 轴均指向线路前进方向，按照线路中心线和桥隧等设计资料进行模型调用能够精确实现模型组合匹配问题。不管采用什么三维图形引擎，库中的所有模型基元调用流程基本相同，其步骤如下：

(1)根据唯一标识的模型基元编码 ID 读取所需的模型。

(2)解析模型，读取模型信息并记录其 x、y、z 尺寸和模型原点位置。

(3)根据记录的模型尺寸和对应的线路或桥隧设计资料规定的实际尺寸计算模型 X、Y、Z 三个方向的缩放比例，根据缩放比例对模型进行缩放操作。

(4)根据线路或桥隧设计资料计算模型的实际放置位置，将读取的模型放置在该位置处。

(5)根据线路方位角、坡度设计信息等设计资料计算模型 X、Y、Z 三个方向的旋转角度，根据旋转角度对模型进行旋转操作。

首先在 XY 平面上，基元模型定位至线路指定桩号的初始状态，如图 4-15 所示。图中 P_1P_2 为垂直于线路中线的辅助线，θ_1 和 θ_2 分别为单元需要旋转的角度，计算公式如下：

$$\Delta x = x_1 - x$$
$$\Delta y = y_1 - y \tag{4-1}$$

$$\theta_1 = \arctan \frac{\Delta y}{\Delta x}$$
$$\theta_2 = \theta_1 - 90° \tag{4-2}$$

由角度 θ_1 和 θ_2 就可以构造变换矩阵，进行平面旋转。

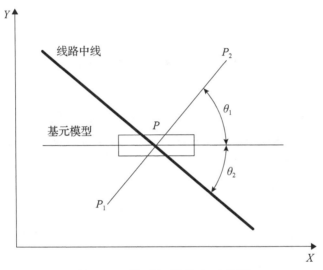

图 4-15　单元初始状态示意图

完成单元在 XY 平面的旋转之后，应进行其在 YZ 平面的旋转，以简支梁的旋转为例，其旋转过程示意图如图 4-16 所示。

由图 4-16 可知，简支梁的定位点位于桥墩 P 之上，在 YZ 平面内，简支梁以 P 点为旋转点旋转至 P'，旋转角度为 θ，计算公式为

$$\Delta y = y' - y$$
$$\Delta z = z' - z \tag{4-3}$$

$$\theta = \arctan \frac{\Delta y}{\Delta z} \tag{4-4}$$

由 θ 角构造旋转矩阵即可完成在 YZ 平面的旋转。

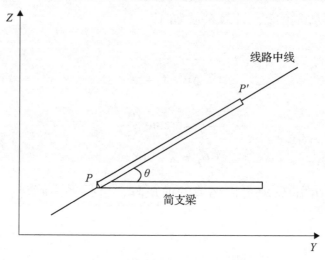

图 4-16　简支梁在 YZ 平面旋转

(6)将旋转好的模型参数化放置到三维场景中。基元模型在放置过程中由于其应用场景的不同，需要对其参数进行一定的调整以满足建模的需要。例如，在桥墩放置过程中，由于每个桥墩所处原始地面的高度不一致，桥墩的墩身高度也不相同，在放置过程中应根据放置点与地面的高度差确定墩身的高度。在放置桥墩时，应首先读取桥墩放置点与地面点的高度差，然后在读取桥墩之后修改墩身高度参数，最后将桥墩放置于定位点上完成桥墩的放置。墩身高度计算示意图如图 4-17 所示。

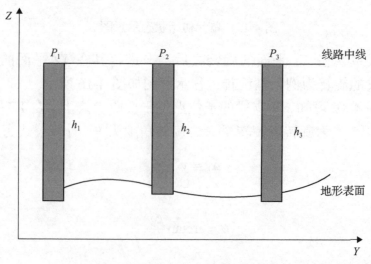

图 4-17　墩身高度计算示意图

由图 4-17 可知，墩身高度 h_1、h_2、h_3 各不相同，因此需要控制墩身高度的参数进行放置，同时桥墩沿 X、Y 轴的旋转角度都为 0。

以单线简支梁桥的梁模型组合为例，其调用实现程序如下：

```
/////////////////////////模型组合/////////////////////////
//根据梁模型 ID 读取库中模型
readModelfromDB(m_girder_id);
//读取模型后,记录模型 x、y、z 尺寸
double m_xMax;double m_yMax;double m_zMax;
//定义梁 x、y、z 比例
double m_xscale=垂直线路前进方向实际尺寸/m_xMax;
double m_yscale=梁跨度设计信息/m_yMax;
double m_zscale=m_xscale;
//设置梁局部坐标原点位置偏移
double m_pian_x=0;
double m_pian_y=0;
double m_pian_z=m_zMax/2;
setPivotPoint(m_pian_x,m_pian_y,m_pian_z);
//根据线路中心线和桥梁设计信息设置梁放置位置
m_Center //梁中心对应线路位置三维坐标
setPosition(m_Center);
//根据线路中心线设置梁的旋转角度
m_hudu_x //沿 X 轴的旋转角度,单位弧度
m_hudu_y //沿 Y 轴的旋转角度,单位弧度
m_hudu_z //沿 Z 轴的旋转角度,单位弧度
setAttitude(m_hudu_x,m_hudu_y,m_hudu_z);
//根据梁 x、y、z 比例设置大小
setScale(m_xscale,m_yscale,m_zscale);
//添加变换好的模型 girder 到场景中
AddModel(girder);
```

4.3.3　基元的调用优化

由于铁路三维构造物复杂，需要调用数量繁多、不同类别的各种模型，超过了现阶段计算机图形硬件的实时处理能力。在虚拟现实技术领域，有关构造具有实时性的虚拟环境生成技术也提出了许多解决方案，即解决物体真实感与虚拟环境运行连续性之间的矛盾，结合大规模铁路场景的特殊性，综合采用以下方法对模型调用进行优化。

1. LOD 模型的使用

对同一个线路构造物及设备结构单元构建具有多个固定的不同细节层次的模型，通过计算结构单元和视点之间的距离 f，控制模型的调用。例如，当 $f<10$ 时，用精细网格模型；当 $f>10$ 时，用稀疏网格模型。通过对场景中结构单元的重要性进行分析，对重要的模型对象进行较高质量的绘制，而不重要的模型对象采用较低质量的绘制，在保证实时图形显示的前提下，最大限度地提高视觉效果[69]。

2. 采用模型和图像结合的方法

在基元模型库系统中，通过视图变换，可分别提取和输出与几何模型分辨率相同的线路构造物及设备结构单元纹理图像。在仿真系统应用中，对高精度显示需求或近景显示调用几何模型，低精度显示需求或远景显示调用纹理图像模型。接触网方形钢管支柱的模型与图像显示如图 4-18 所示。

3. 选用高阶引擎以提高渲染速度

高阶引擎是相对 OpenGL/DirectX 低阶引擎而言的。OpenGL/DirectX 并没有为如何实现一个图形软件系统提供一个标准模型，而仅仅是一个底层操作的接口，提供了建立基本模型和渲染环境的工具集[70]。高阶引擎(如 OSG、OpenInventor、Java3D、OpenSG、Ogre3D、VegaPrime 等)一般采用场景图的技术，在场景数据组织管理和渲染速度上均有更优秀的表现。在三维场景绘制过程中，采用高阶渲染引擎对铁路场景进行组织管理与渲染，是一种有效提高实时绘制效率的方法。

　　线路实体构造物三维建模时采用 OSG 场景图的技术进行模型基元组织管理和渲染，满足实时绘制和动态交互的需要。基元模型拼装式建模渲染效果如图 4-19 所示。

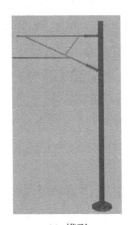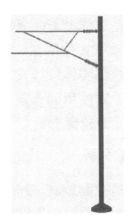

(a) 模型　　　　　　　　　　(b) 纹理图像

图 4-18　接触网方形钢管支柱的模型与图像显示

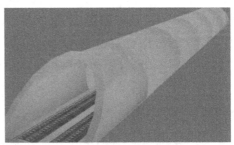

(a) 桥梁模型　　　　　　　　　　(b) 隧道模型

(c) 轨道结构模型　　　　　　　　　　(d) 列车与线路模型

图 4-19　基元模型拼装式建模渲染效果

4.4　线路实体放样式建模方法

计算机图形学几何造型技术中体素的一个定义是用参数定义的一条或者一组截面轮廓线沿着一条或者一组空间参数曲线做扫掠而产生的几何形体[71]。放样式建模在计算机图形学中实际上就是构建体素的几何造型过程，线路实体放样式建模的重点在线路构造物截面定制和放样路径控制上，其使用的参数主要分为两部分，一部分是放样线参数，另一部分是截面轮廓参数。

4.4.1　放样线参数分析

放样线参数是控制线在三维空间中的位置和形状，也就是用参数表达三维空间中的曲线。在铁路线路实体建模中，大部分构造物沿着线路中心线布置，所以一般采用线路中心线进行放样。因此，放样线参数表达实际上就是线路中心线空间线形的参数表达。线路中心线平面线形由直线、圆曲线和缓和曲线组成，纵断面线形由直线和竖曲线组成。线路平曲线、竖曲线要素和主桩点坐标计算公式可参照文献[72]。对放样线进行参数表达，建模中一般采取截面沿着放样线空间坐标移动。下面分析线路中心线三维空间放样坐标计算过程，其步骤如下：

(1)读取放样使用的一段线路中心线数据，包括线路起始里程，起点、各个交点、终点的平面坐标，交点对应的圆曲线半径、缓和曲线长，以及变坡点里程及设计高程、竖曲线半径、竖曲线长度。

(2)计算起点后的第 i 个交点(i 初始等于 1)对应曲线的曲线要素，如切线长 T、曲线长 L、外矢距 E。

(3)计算第 i 个交点的 ZH、HY、YH、HZ 主桩点里程和切线方位角。

(4)计算第 i 个交点的主桩点的三维空间坐标(x, y, z)。

(5)根据主桩点坐标、放样间距和切线方位角计算放样线的三维空间坐标和切线方位角。

(6)若没有到达终点，则 $i=i+1$，跳至步骤(2)，直到循环计算结束。

4.4.2 截面轮廓参数分析

截面轮廓参数主要就是控制截面轮廓的位置和形状，也就是用参数表达二维平面上的一个外环和若干个内环（可以没有内环）构成形体上一个有界且非零的区域的集合[61]。截面轮廓可以分为一般截面轮廓和特定截面轮廓，使用圆形、三角形、矩形、梯形等简单几何形状表达的物体截面可以归纳为一般截面，钢轨断面、隧道衬砌断面等使用具体结构物标准断面的截面为特定截面。截面轮廓参数化首先要对截面的形式进行分类，再对每种截面形式进行合适的参数选取。这里针对几种典型截面的参数选取及截面轮廓线的表达进行方法说明。

1. 一般截面[61]

1）圆形截面

圆形截面选取圆的半径 r 作为参数。圆形截面示意图如图 4-20 所示，圆的中心默认设置与二维直角坐标系的原点重合。表达圆形截面时，只需要给出圆的半径 r 即可。

2）三角形截面

三角形截面选取底边高 h 和底边在高左右两侧的底边长 a、b 作为参数。三角形截面示意图如图 4-21 所示，利用三角形截面的三个参数可以求出 A、B 和 C 三个点在二维直角坐标系中的坐标，分别为$(-a, 0)$、$(b, 0)$和$(0, h)$，截面轮廓由 A、B、C 三个点组成的三条线 AB、BC 和 CA 表达。

3）梯形截面

梯形截面选取梯形底边长 a、右顶边宽 b、左顶边宽 c 和高 h 作为参数。梯形截面示意图如图 4-22 所示，梯形底边关于 Y 轴对称，利用梯形截面的四个参数可以求出 A、B、C 和 D 四个点在二维直角坐标系中的坐标，分别为$(-a/2, 0)$、$(a/2, 0)$、(b, h) 和$(-c, h)$，截面轮廓由 A、B、C、D 四个点组成的四条线 AB、BC、CD 和 DA 表达。

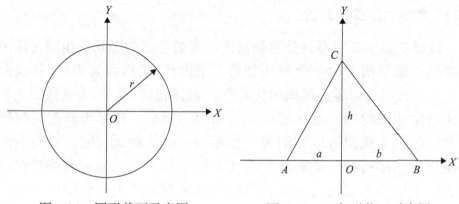

图 4-20　圆形截面示意图　　　　　图 4-21　三角形截面示意图

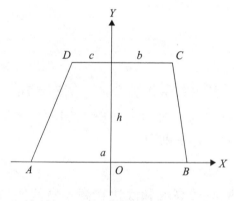

图 4-22　梯形截面示意图

2. 特定截面

1) 钢轨断面

根据图 4-7 给出的 60kg/m 钢轨断面, 对其截面进行数字化坐标采集并存储为特定截面模板。采集的标准 60kg/m 钢轨断面轮廓线的坐标信息见表 4-5[61]。

表 4-5　标准 60kg/m 钢轨断面轮廓线的坐标信息[61]　　　（单位: mm）

线形	起点 x 坐标	起点 y 坐标	终点 x 坐标	终点 y 坐标	中点 x 坐标	中点 y 坐标
直线	0	0	73.0000	0	—	—
圆弧	73.0000	0	75.0000	2.0000	74.4142	0.5858

续表

线形	起点 x 坐标	起点 y 坐标	终点 x 坐标	终点 y 坐标	中点 x 坐标	中点 y 坐标
直线	75.0000	2.0000	75.0000	8.4252	—	—
圆弧	75.0000	8.4252	71.4477	12.4001	73.9825	11.0907
直线	71.4477	12.4001	45.7000	15.3000	—	—
直线	45.7000	15.3000	23.8000	22.6000	—	—
圆弧	23.8000	22.6000	10.2000	39.6000	14.4842	29.0874
圆弧	10.2000	39.6000	10.4000	120.3000	8.2500	79.0000
圆弧	10.4000	120.3000	13.3000	129.7000	11.3831	125.1440
圆弧	13.3000	129.7000	17.8000	133.4000	15.2012	131.9742
直线	17.8000	133.4000	35.1310	139.2388	—	—
圆弧	35.1310	139.2388	36.4848	141.3096	36.1665	140.0398
直线	36.4848	141.3096	34.6800	161.8000	—	—
圆弧	34.6800	161.8000	25.3500	173.8000	31.9516	169.3057
圆弧	25.3500	173.8000	10.0000	175.8000	17.7235	175.1721
圆弧	10.0000	175.8000	0	176.0000	5.0070	175.9357
圆弧	0	176.0000	−10.0000	175.8000	−5.0070	175.9357
圆弧	−10.0000	175.8000	−25.3500	173.8000	−17.7235	175.1721
圆弧	−25.3500	173.8000	−34.6800	161.8000	−31.9516	169.3057
直线	−34.6800	161.8000	−36.4848	141.3096	—	—
圆弧	−36.4848	141.3096	−35.1310	139.2388	−36.1665	140.0398
直线	−35.1310	139.2388	−17.8000	133.4000	—	—
圆弧	−17.8000	133.4000	−13.3000	129.7000	−15.2012	131.9742
圆弧	−13.3000	129.7000	−10.4000	120.3000	−11.3831	125.1440
圆弧	−10.4000	120.3000	−10.2000	39.6000	−8.2500	79.0000
圆弧	−10.2000	39.6000	−23.8000	22.6000	−14.4842	29.0874
直线	−23.8000	22.6000	−45.7000	15.3000	—	—
直线	−45.7000	15.3000	−71.4477	12.4001	—	—

续表

线形	起点 x 坐标	起点 y 坐标	终点 x 坐标	终点 y 坐标	中点 x 坐标	中点 y 坐标
圆弧	−71.4477	12.4001	−75.0000	8.4252	−73.9825	11.0907
直线	−75.0000	8.4252	−75.0000	2.0000	—	—
圆弧	−75.0000	2.0000	−73.0000	0	−74.4142	0.5858
直线	−73.0000	0	0	0	—	—

2) 隧道断面

作为一种特定的截面，隧道断面通常可以根据线路主要技术标准选用隧道衬砌断面标准图作为截面模板，数字化后存储其断面局部坐标供建模使用。

简化建模时，也可以采用圆弧拱形、圆形、马蹄形、三心拱等基本形状进行隧道断面表达[73]。以圆弧拱形断面为例，其他断面形式可类比进行参数化。图 4-23 为圆弧拱形隧道横断面，利用隧道宽度 L、隧道圆弧的顶端高度 h_1、隧道立面高度 h_2 以及圆弧半径 R 可以确定断面的形状。截面有立墙的隧道设计时圆弧半径 R 取值大于 h_1。

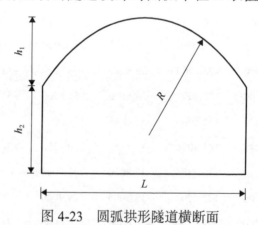

图 4-23　圆弧拱形隧道横断面

4.4.3　沿路径放样

截面的放样过程是同一截面沿着某一放样路径垂直截面的方向进行移动的过程。如果在移动过程中改变截面的轮廓，则会生成变截面的模型，其示意图如图 4-24 所示。通过减小放样的间距，增加放样路径上的放样节段，可以增加模型的精度，尤其是当放样路径为曲线时，减小放样的间距可以使模型更能体现出弯曲效果。

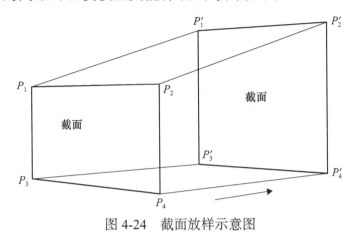

图 4-24　截面放样示意图

4.5　长大带状线路实体自动化建模

4.5.1　面向对象的线路构造物实体-关系模型

　　构成铁路线路构造物的实体对象众多，要研究其实体的自动化建模，首先需要理清各建模对象的组成关系，使用面向对象的实体-关系模型可以有效地描述和刻画线路构造物静态信息与关联关系。

　　实体-关系（entity relationship，E-R）模型是由 Chen 发明的一种直接从现实世界中抽象出实体类型和实体间关系，然后用实体-关系图表示数据模型，描述概念世界，建立概念模型的实用工具。传统的实体-关系模型用实体、属性和关系三个元素描述整个模型。现实世界中具有相同属性、服从相同规律的一系列事物的抽象，相应的具体事物称为实体的实例，对于线路构造物，路基、桥梁、隧道都是实体。实体某个特征的抽象称为属性，具体实例的每项属性都有实际对应值。各实体之间相互组合，相互约束形成关系，如路基、桥梁、隧道沿中心线分段相连就是一种线性约束关系。通过实体-关系模型可以很好地描述线路构造物的静态信息，但是针对设计过程中实体之间的一些行为，如删除某座桥梁、插入某座隧道、缩短某段路基长度等操作，实体-关系模型就不能很好地描述了，并且实体-关系模型也缺乏不同实体对象之间的继承关系，难以进行程序设计。而面向对象的设计恰好具有上述优点，因此综合采用面向对象的实体-关系模型对线路构造物进行描述，理清场景关系，并对模型之间的关联性进行设计，使得模型某个实体对象发生变化，与之关联的所有对象都会随之更新，以保持模型之间的关联性，并满足实体选线建模需求。

将铁路线路构造物实体对象按照线性约束关系划分为路基实体、桥梁实体、隧道实体、区间站实体，每个实体对象既具有属性，如名称、结构类型、土石方量等，又具有行为，如插入、删除、更新对象、修改对象等。每段按线性约束划分的实体对象又可以按照空间约束关系(平移、旋转、缩放)分别由不同的实体对象组成，铁路线路构造物面向对象的实体-关系模型示意图如图 4-25 所示。

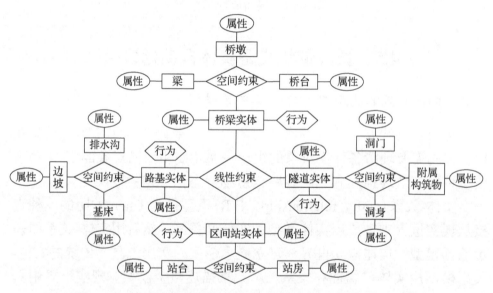

图 4-25　铁路线路构造物面向对象的实体-关系模型示意图

4.5.2　长大带状线路实体模型结构

1. 组成结构设计

实体选线过程中动态构建的带状线路实体模型由路基段、桥梁段、隧道段分段构造物实体模型，以及车站、轨道结构模型组成，整体模型组成结构如图 4-26 所示。

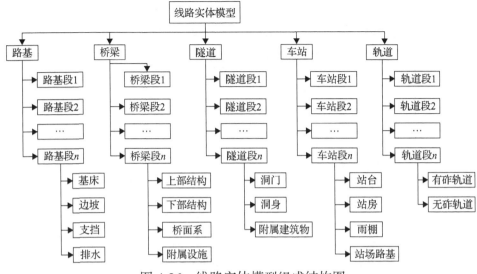

图 4-26　线路实体模型组成结构图

2. 数据结构设计

数据结构是计算机存储和组织数据的方式，合理的数据结构能实现高效地计算、存储和数据管理。线路实体模型部分数据结构设计如下：

```
//线路构造物类型
    typedef enum
    {
        MODEL_BRIDGE=1 //桥梁
        MODEL_ROADDI //路堤
        MODEL_ROADQIAN //路堑
        MODEL_TUNNEL //隧道
        MODEL_STATION //车站
    }E_MODELTYPE;
//线路实体模型基类
    class CModel:public CCmdTarget //定义模型共性特征
    class CPointModel:public CModel //定义点模型
    class CLineModel:public CModel //定义线模型
    class CBridgeModel:public CLineModel //定义桥梁模型类
    class CDiQianModel:public CLineModel//定义路基模型类
```

```
class CTunnelModel:public CLineModel //定义隧道模型类
class CStationModel:public CLineModel //定义车站模型类
//定义基元模型的相关设置
typedef struct
{
        double dXsize;  //模型的 x 大小
        double dYsize;  //模型的 y 大小
        double dZsize;  //模型的 z 大小
        osg::Vec3d m_Pian; //模型原点的偏移
        osg::Vec3d m_Angle; //模型放置的角度
        osg::Vec3d m_Scale; //模型放置的比例
        osg::Vec3d m_ptCenter; //模型放置的位置
        double dMile;    //放置里程
        CString csudName; //基元模型在场景中的编号名称
        CString csModelname; //所使用的基元模型名称,对应基
                             元模型库中的名字
    }T_UNITMODEL;
 CTypedPtrArray<CObArray,CBridgeModel*>m_caBridgeModel;
                        //管理桥梁模型对象指针的对象
 CTypedPtrArray<CObArray,CDiQianModel*>m_caDiQianModel;
                        //管理堤堑模型对象指针的对象
 CTypedPtrArray<CObArray,CTunnelModel*>m_caTunnelModel;
                        //管理隧道模型对象指针的对象
 CTypedPtrArray<CObArray,CLineModel*>m_caLineModel;
                        //管理模型对象指针的对象
//设计如下结构体,存储线路桩点信息
Typedef struct MILEPOINT
{
    double dMile; //桩点里程
    double dHeight; //桩点对应的地面高程
    double dAngle; //桩点切线的方位角,弧度格式
    POINT3D p3d; //桩点三维坐标
    int nType; //nType=-1,桥梁;nType=0,路基;nType=1隧道;
                nType=2车站
}m_MILEPOINT;
```

4.5.3　线路实体三维自动化建模

1. 自动化建模信息统计计算

根据线路实体模型组成结构，要实现线路实体三维自动化建模，首先需要针对方案线上的构造物进行分类、分段统计，计算每一段构造物的建模信息；然后根据其结构形式确定具有的基元模型类型、数目或者选取的放样截面形式、放样线路径等，统计每个实体模型对象的空间位置信息；最后根据统计计算的构造物参数信息，调用库中的基元模型或截面模板实现线路构造物实体建模，并将构造物对象的属性、计算参数等信息存储在后台数据库，便于实时查询和参数化修改。建模信息统计计算的关键步骤如下。

1) 线路中桩点计算

线路实体模型的构建无论是路基段的放样建模还是桥梁段的拼装建模都是以线路中心线为基准。关于线路中心线中桩点计算原理可以参考文献[72]，这里只统计线路中桩点计算需要的信息。

将线路中心线按照一定的里程间隔进行桩点计算（一般取 1m 或 5m 间距）。每个线路桩点需要计算桩点里程值、三维坐标、桩点对应的地面高程值、切线方位角以及桩点所属结构类型。其中，桩点里程值、三维坐标、切线方位角可以通过简单的几何计算方法求解，桩点对应的地面高程值根据计算的平面坐标 (x, y) 在数字地形模型中内插得到。这里重点针对桩点所属结构类型的自动判断进行阐述，以一个桩点的计算为例。

(1) 设置满足自动架桥的设计高程与地面高程的高差阈值 D_b（初始取值 10m）和自动设置隧道的高差阈值 D_t（初始取值 –10m）。

(2) 根据计算的站场中心里程和站坪长度，计算站场起始点里程，判断该桩点里程是否位于站场范围内，如果是，则设置该桩点所属结构类型为站场；否则，继续下面步骤。

(3) 计算该桩点对应的设计高程与地面高程的高差值 d。

(4) 如果 $d < D_t$，设置该桩点所属结构类型为隧道，如果 $d > D_b$，设置该桩点所属结构类型为桥梁，如果 $D_t \leqslant d \leqslant D_b$，则设置该桩点所属结构类型为路基。

2) 自动统计线路构造物分段建模信息

根据中桩点计算信息，统计线路构造物的分段信息，将连续的具有相同结构类型的桩点统计为一个线路构造物实体段，并分别统计每个构造物实体段的结构信息。

统计计算步骤主要分为两步：①判断该段构造物的类型；②根据构造物类型，调用相应的构造物信息统计功能进行计算。实现自动统计计算的关键之处在于，针对不同线路构造物类型，设计其信息统计功能。

(1) 桥梁信息统计。

①桥梁起终点里程计算。

②土石方工程量统计计算。

③桥梁前后段构造物类型关联赋值。

④根据预置的标准简支梁桥式和线路桩点信息，统计计算桥墩信息、梁信息、桥台信息、围栏信息等，计算各基元模型的空间约束关系。

⑤将该桥梁添加到线路模型中。

(2) 路基信息统计。

①判断桩点对应的地面高程是否大于设计高程，如果是，将连续的桩点设置为路堑进行统计计算，否则，设置为路堤进行计算。

②路堤或路堑的起终点里程计算。

③土石方工程量统计计算。

④该段路堤或路堑与前后段构造物类型关联赋值。

⑤根据标准路基横断面样式，选取路基断面模板，并与数字地形进行求交计算，统计边坡信息；计算路堤坡角线或路堑坡顶线范围。

⑥将该路堤或路堑添加到线路模型中。

(3) 隧道信息统计。

①隧道起终点里程计算。

②土石方工程量统计计算。

③与数字地形模型进行隧道进、出口开挖边界计算。

④该段隧道与前后段构造物类型关联，确定线性约束关系。

⑤根据主要技术标准参数，选配标准隧道洞门、洞身，计算基元模型的空间约束关系，或者选取洞身衬砌断面模板，设置放样线路径。

⑥将该段隧道添加到线路模型中。

(4)车站信息统计。

①车站类型统计。

②车站中心里程、起终点里程计算。

③该车站与前后段构造物类型关联，确定线性约束关系。

④自动化统计时，考虑直通车站的要素计算，选配标准站台、站房、雨棚结构形式，计算各基元模型的空间约束关系。

⑤将该段站场添加到线路模型中。

(5)轨道信息统计。

①轨道结构分段。初始统计时，可根据相同的轨道结构样式，设置为一段；或根据路基、桥梁、隧道、站场的分段进行多样式设置。

②计算该轨道段与前后轨道段的关联，确定线性约束关系；当设置的轨道为单段布置时，前后轨道段 ID 设置为负。

③根据主要技术标准，设置轨道类型。

④根据轨道类型的不同，选配轨道组合模型，计算基元模型的空间约束关系。

⑤将该段轨道添加到线路模型中。

2. 线路实体分段建模实现

1)路基段建模

路基实体模型主要基于标准路基断面参数进行放样构建。根据选定的路基横断面，建立路基横断面模板，或者根据主要技术标准，从截面模板库选择标准路基断面模板。通过路基断面模板和统计的放样路径信息，从该段路基起点至终点完成放样式自动建模。如图 4-27 所示，根据无砟轨道双线硬质岩路堑标准横断面，构建路堑实体模型，路堑顶点设置为同一高程，如图 4-28 所示。

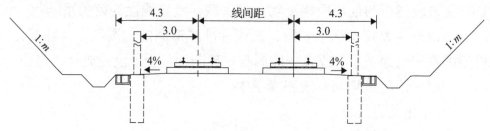

图 4-27　无砟轨道双线硬质岩路堑标准横断面示意图（单位：m）

引自《高速铁路设计规范》（TB 10621—2014）

图 4-28　路堑实体模型（组合无砟轨道）

2) 桥梁段建模

桥梁建模是基元模型拼装式建模的过程。由于此处是自动化建模，如果没有专门的桥梁配置参数，将默认选择采用简支桥型，桥梁由简支箱梁、Y 字形桥墩、埋式桥台和栏杆等模型基元组成。建模过程如下：

（1）根据默认或者配置的参数选择模型基元，根据模型编码 ID 读取模型库中的模型，并记录相应的模型尺寸和原点信息。

（2）梁的架设。根据统计计算的该段桥梁的梁配置信息和放置位置，将梁模型原点设置到该位置；计算梁模型 X、Y、Z 三个方向的缩放比例，根据缩放比例对模型进行缩放操作；再根据该位置的线路方位角、坡度设计信息等资料计算模型 X、Y、Z 三个方向的旋转角度，根据旋转角度对模型进行旋转操作。这样就完成了一片梁的架设工作，循环处理该过程，即可完成梁的架设。

（3）墩台的放置。根据统计计算的墩台配置信息和放置位置，计算墩台模型 X、Y、Z 三个方向的缩放比例，其中 Z 方向缩放根据桥梁底部到地面的距离进行设置，计算好之后，根据缩放比例对墩台进行缩放操作；根据跨度配置信息计算墩台的放置位置，将墩台模型原点设置到该位置。根据该位置处的线路方位角计算模型 Z 方向的旋转角度，根据旋转角度对模型进行旋转操作，此处由于默认墩台垂直放置在地面上，沿 X、Y 轴的旋转角度都为 0。通过这些操作就完成了墩台的放置工作，根据墩台数目，循环处理该过程，即可完成墩台的建模。

（4）桥上围栏的配置。桥上围栏的配置方法与梁类似，不同的是配置数目要多，且左右两侧都需要配置。

桥梁段建模如图 4-29 所示。

图 4-29　桥梁段建模

3）隧道段建模

隧道段建模分为洞门和洞身建模，洞门建模和桥梁段建模的墩台建模方法一致，洞身建模可以采取基元模型拼装建模，也可以采取调用衬砌断面模板放样建模。隧道段建模如图 4-30 所示。

图 4-30　隧道段建模

4) 区间车站建模

线路实体建模过程中，只考虑区间直通站，按照站台和站房基元模型拼装建模即可，方法与桥梁段建模类似。车站建模如图 4-31 所示。

图 4-31　车站建模

5) 轨道建模

轨道是贯通线路全线都铺设的结构，根据选好的轨道类型，选定基元模型，根据统计计算的轨道模型配置信息，进行拼装建模。以 CRTS Ⅱ型双块式无砟轨道为例，轨道建模如图 4-32 所示。

图 4-32　轨道建模

3. 长大带状线路实体三维建模实现

铁路线路构造物在空间上呈带状分布，一般长达成百上千公里。

当铁路数字化选线设计系统的坐标系统采用 WGS84 地理坐标时，长距离铁路线路构造物组合投影到椭球体上后，会受到地球曲率影响产生拼接裂缝问题。针对该问题，在对长距离铁路线路构造物实体模型组合时，分类型分构造物段分别建模，组合拼接。每一段构造物再按照一定的步长（在曲率影响误差范围内，如 5m 或 1m）进行基元模型组合。采用这种建模方式可以有效地消除投影误差。

通过对线路方案线进行桩点信息计算，基于技术标准资料、桩点信息，自动统计计算轨道、桥梁、隧道、路堤、路堑等各构造物段的模型信息，调用基元模型或断面模板进行参数化建模，自动化构建长大带状线路实体模型，如图 4-33 所示。

图 4-33　长大带状线路实体模型

4.6　线路实体模型与三维地形模型的融合

实体选线过程中的线路实体模型是动态构建的，当方案线有所变化时，模型需要重构，因此线路实体模型与三维地形模型的融合也是动态的，无法采取预先处理地形开挖。如前所述，在铁路构造物模型与地形模型的融合过程中，采用动态加入策略。下面以一段路基模型与建立的多分辨率 TIN 地形模型融合建模为例进行说明。

（1）计算该段基模型与地面的交点，按一定的间距取横断面最外侧点，形成路基外边界线，按照逆时针顺序进行排列，记录为路基外边界多边形 loop。

(2)判断多边形 loop 与当前调度的地形块的矩形边界线 rect 是否有相交或者 loop 是否落在 rect 范围内，如果是，则记录该相交地形块为 Geode，如果两边界线既没有相交，loop 也不在 rect 范围内，则继续判断 rect 是否落在多边形 loop 范围内，如果是，则在地形数据库中剔除掉该地形块。如果都否，说明 loop 与 rect 既不相交也不包含，该地形块不需要做融合处理，则执行调度下一地形块循环步骤(2)的操作(该步骤中 loop 与 rect 的关系说明如图 4-34 所示)。

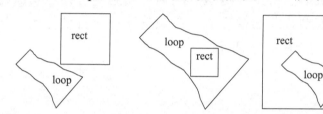

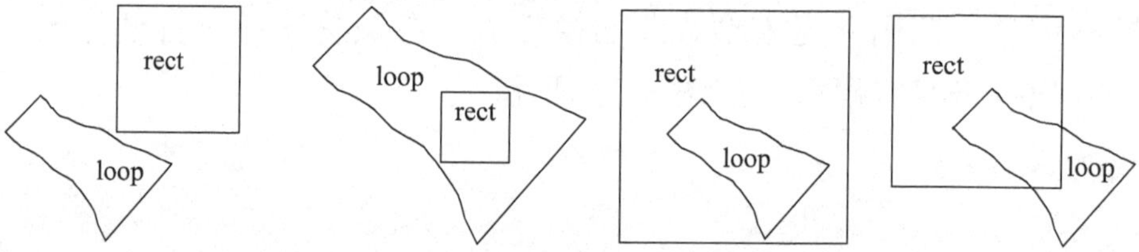

(a) rect与loop既不相交也不包含　(b) rect落在loop内　(c) loop落在rect内　(d) loop与rect相交

图 4-34　loop 与 rect 的关系示意图

(3)如果 loop 与 rect 相交，则相交边界线记录为多边形 subloop；如果 loop 落在 rect 内部，则将 loop 直接赋给 subloop。subloop 示意图如图 4-35 所示。

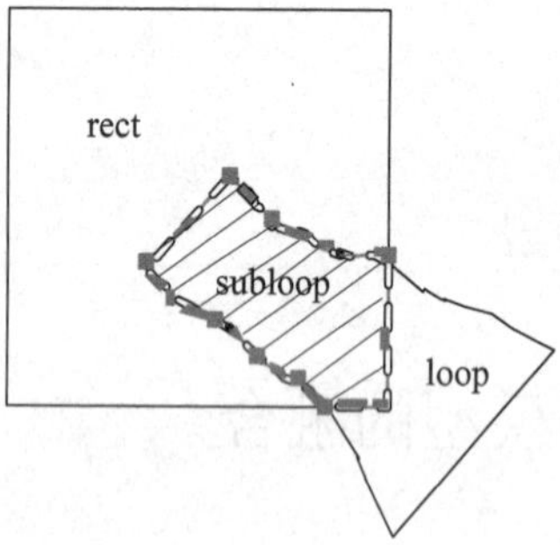

(4)将 subloop 作为其相交地形的约束边界线，参与地形块的 Delaunay 三角网重新构网。

①重新构网后，判断三角形是否落在约束边界内。

②剔除落在约束边界内的三角形。

③返回步骤②，循环调度处理，直到处理完毕。

图 4-35　subloop 示意图

最后添加路基模型，即可完成与地形模型的融合建模过程，如图 4-36 所示。

线路实体模型与三维地形模型融合建模示意图如图 4-37 所示。三维场景中的长大带状线路实体模型如图 4-38 所示。

 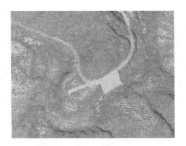

(a) 单块地形重构　　　　　　　　　　(b) 多块地形重构

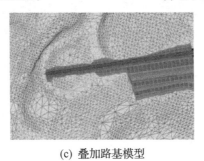

(c) 叠加路基模型

图 4-36　路基模型与多分辨率 TIN 地形模型融合建模过程

图 4-37　线路实体模型与三维地形模型融合建模示意图

图 4-38　三维场景中的长大带状线路实体模型

第5章　列车与线路三维运动场景建模与仿真

针对铁路实体选线设计方案，开展基于牵引计算的列车运行状态仿真和线路三维场景漫游，对评价和优化线路空间位置、线路纵横断面设计结果、列车运行安全性和经济性、旅客舒适度以及列车运行控制策略等都具有重要意义。因此，结合铁路选线设计特点，在选线设计阶段，将列车牵引计算与大规模铁路三维场景构建技术相结合，模拟列车三维牵引运行仿真和漫游效果，实现实体选线设计与列车运动仿真和三维场景漫游的有机结合。

5.1　列车编组模型建立

无论是动车组还是机车牵引式列车，其几何模型都是由机车车辆的基元模型拼装成车体单元模型再进行组合创建。由于具体的设计线路由直线和曲线组成，这种特性决定了无法预先组合一列完整的列车模型，因为整列列车模型具有一定长度，在曲线段列车部分模型有可能位于线路外，这将导致运动仿真不真实，示意图如图 5-1 所示。

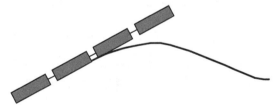

图 5-1　整车一体模型部分位于线路外示意图

为了解决该问题并便于运动控制，模拟现实中列车的编组连接，在运动过程中直接采用机车、车辆(或动车、拖车)单元模型拼装形成整列编组列车模型，而运动控制则由各单元模型独立控制自己的运动，将每节车体都视为一个可移动的质点。

为简化说明，以 2M2T 编组为例，首先进行列车模型编组设置，如图 5-2 所示。建立高速列车整体编组模型（两辆头车和两辆中间车组成），如图 5-3 所示。

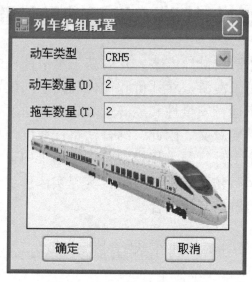

图 5-2　列车模型编组设置

图 5-3　高速列车整体编组模型

目前我国动车组一般都是按 8 节或者 16 节车厢固定编组，如 4M4T、2M6T 等。机车牵引式列车可以根据需要任意编组，组合成不同列车模型，根据需求开展多种列车模型的运动仿真。

5.2　列车牵引计算仿真系统

通过列车牵引计算可以获取列车在线路上运行仿真位置信息，如列车运行距离 S、列车运行时间、运行能耗、当前运行速度和列车运行工况等。本节简单介绍项目组研发的列车牵引计算与仿真系统功能模块、计算过程和计算结果，详细介绍可以参考文献[74]和[75]。

5.2.1　系统简介

系统采用的牵引计算模型是多质点模型,主要功能包括项目管理、列车数据管理(牵引力、制动力和阻力)、线路数据管理(坡段数据、曲线数据、隧道数据、车站数据、限速数据)、力学计算、牵引质量计算和检算、计算参数设置(牵引参数、列车编组、基本阻力计算、牵引策略)、牵引计算数据生成(构建分段牵引数据、浏览分段牵引数据)、牵引计算模块(牵引计算、能耗计算、紧急制动距离计算等)、牵引计算结果输出模块(区间牵引数据、坡段牵引数据、详细牵引数据、工况统计数据、能耗计算结果)、图形生成与输出(VS 曲线、TS 曲线、ES 曲线等)、图形参数设置等。

系统主界面如图 5-4 所示。系统功能结构图如图 5-5 所示。

5.2.2　系统应用流程

系统的具体应用流程如下:

(1)根据线路名称,建立新项目,系统自动以项目名称建立数据库,并在该数据库中自动建立包括曲线表、坡度表、牵引力数据表在内的共 16 个数据表,牵引计算所需的数据和计算结果均存储在该数据库中。

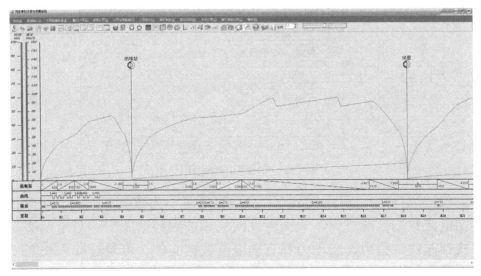

图 5-4　系统主界面

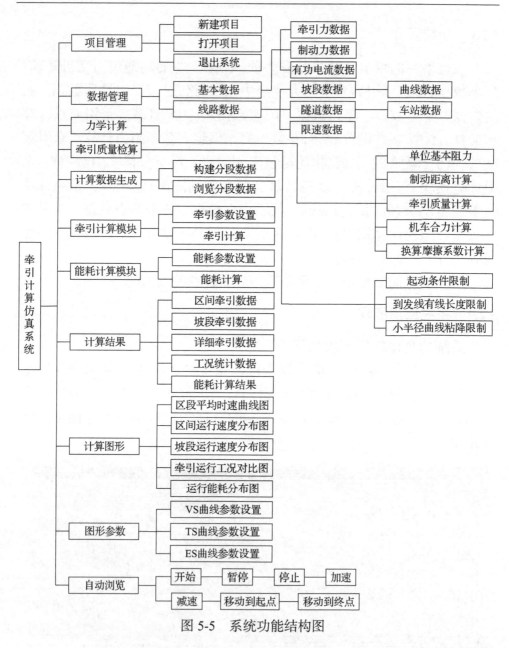

图 5-5　系统功能结构图

（2）选定牵引计算用的列车，获取列车牵引力数据、制动力数据和有功电流数据，通过列车数据管理模块添加到数据库中。对于以文本格式存储的牵引力、制动力和有功电流数据文件，可通过导入功能一次性导入数据库中。

(3)根据列车特性数据，在列车数据管理模块中分别输入列车编组重量、定员荷载重量、起动加速度、编组长度等参数并保存到数据库中。

(4)根据线路方案设计结果数据，通过线路数据管理模块分别添加线路的坡段数据、曲线数据、隧道数据、车站数据和限速数据，并保存到数据库中[76]。

(5)设置参数，主要包括牵引参数、列车编组、基本阻力计算参数等。不同参数设置条件下，牵引计算的结果也不同。通过对各参数的设置，可以灵活实现不同参数下的列车牵引计算，可用来比较各参数对牵引计算结果的影响[76]。

(6)通过牵引数据生成模块，在前述五个步骤已完成的前提下，根据系统提供的牵引数据生成算法，系统自动对线路数据进行整理分段，并为牵引计算系统自动生成一组数据文件。这组数据文件直接提供给牵引计算模块进行牵引计算使用。通过浏览牵引数据，可以查看所生成的牵引计算数据。

(7)调用牵引计算主模块进行牵引计算，主模块将会依次调用牵引力计算模块、制动力计算模块、阻力计算模块和能耗计算模块，得到一系列计算结果数据和牵引计算图形。所有计算结果数据均可输出到Excel 中，所有牵引计算图形均可保存成图像格式[76]。

(8)通过改变线路数据、列车数据或牵引计算相关参数，可重新通过调用牵引计算主模块进行牵引计算，得到新的计算数据结果和图形，从而可对比不同条件和参数下的列车运行时间和运行能耗等结果。

程序数据流程如图 5-6 所示。

5.2.3　牵引计算结果

列车牵引计算结果可用于列车运行仿真模拟和线路方案评价，主要包括区间牵引数据、坡段牵引数据、详细牵引数据、工况统计数据、能耗计算结果。

1. 区间牵引数据

以车站为区间分界点，统计各牵引区间距离、区间走行时间、区间速度、区间起点里程、区间终点里程等数据，如图 5-7 所示。

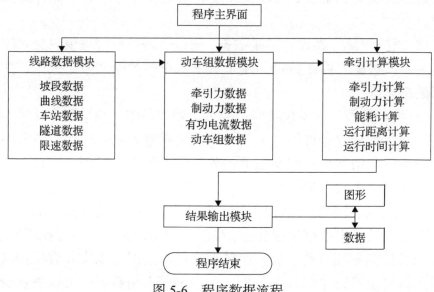

图 5-6　程序数据流程

图 5-7　区间牵引数据

2. 坡段牵引数据

统计各区间距离、走行时间、起点速度、终点速度、平均速度、牵引连续里程和实际连续里程等数据，如图 5-8 所示。

区间序号	区间距离 (m)	走行时间 (s)	起点速度 (Km/h)	终点速度 (Km/h)	平均速度 (Km/h)	牵引连续里程 (m)	实际连续里程 (m)
0	1900.098	165.125	0	73.837	41.425	1900.098	1900
1	799.964	38.25	73.837	75.615	75.291	2700.06	2700
2	599.983	28.523	75.615	75.729	75.726	3300.043	3300
3	1100.007	52.312	75.729	75.748	75.7	4400.05	4400
4	899.939	41.414	75.748	81.643	78.229	5299.989	5300
5	1899.992	84.672	81.643	79.386	80.782	7199.981	7200
6	1449.955	66.523	79.386	77.64	78.467	8649.936	8650
7	5300.056	241.062	77.64	79.96	79.151	13949.99	13950
8	1450.058	65.906	79.96	78.483	79.207	15400.05	15400
9	2300.447	144.384	78.483	0	57.358	17700.5	17700
10	5349.98	304.711	0	76.644	63.207	23050.48	23050
11	1200.003	54.086	76.644	81.578	79.873	24250.48	24250

图 5-8　坡段牵引数据

3. 详细牵引数据

统计每一时间步长内的走行距离、走行时间、区间累计走行时间(列车运行到该时间步长内所累计运行的时间)、走行速度、运行工况、起点里程、终点里程等数据，如图 5-9 所示。

区间序号	走行距离 (m)	走行时间 (s)	区间累计走行时间 (s)	走行速度 (Km/h)	运行工况	起点里程 (m)
0	0.077	1	1	0.557	牵引	0
0	0.232	1	2	1.11	牵引	0.077
0	0.384	1	3	1.657	牵引	0.309
0	0.536	1	4	2.2	牵引	0.693
0	0.686	1	5	2.737	牵引	1.229
0	0.834	1	6	3.27	牵引	1.915
0	0.982	1	7	3.798	牵引	2.749
0	1.128	1	8	4.321	牵引	3.731
0	1.272	1	9	4.839	牵引	4.859
0	1.416	1	10	5.353	牵引	6.131
0	1.558	1	11	5.862	牵引	7.547
0	1.699	1	12	6.367	牵引	9.105
0	1.838	1	13	6.868	牵引	10.804
0	1.977	1	14	7.365	牵引	12.642
0	2.114	1	15	7.857	牵引	14.619

图 5-9　详细牵引数据

4. 工况统计数据

统计在整个运行里程内，牵引、惰行和制动三种工况的走行时间、走行距离、时间百分比、距离百分比等数据，如图 5-10 所示。

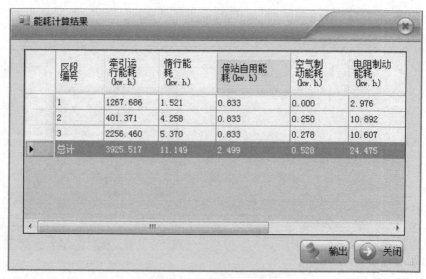

工况类型	走行时间(s)	走行距离(m)	时间百分比(%)	距离百分比(%)
牵引	2662.144	50186.31	69.05	67.59
惰行	802.71	17241.56	20.82	23.22
制动	390.427	6820.983	10.13	9.19

图 5-10　工况统计数据

5. 能耗计算结果

统计各区段的各种能耗和总计等数据，如图 5-11 所示。

区段编号	牵引运行能耗(kw.h)	惰行能耗(kw.h)	停站自用能耗(kw.h)	空气制动能耗(kw.h)	电阻制动能耗(kw.h)
1	1267.686	1.521	0.833	0.000	2.976
2	401.371	4.258	0.833	0.250	10.892
3	2256.460	5.370	0.833	0.278	10.607
总计	3925.517	11.149	2.499	0.528	24.475

图 5-11　能耗计算结果

5.3　列车三维牵引运行仿真

5.3.1　列车运行仿真实时处理算法

列车三维运行仿真过程中，必须解决运动列车在线路空间位置的确定。针对列车运动是离散计算问题，采用如下算法：以线路作为轨迹函数，求出线路与车辆在不同位置的运动系列，然后计算列车单元模型各构件叠加在不同行驶位置的运动上，构成整个列车系统的运动[77]。其流程如下：

根据当前运动的里程 S，从线路设计数据库中读取设计方案的线路三维坐标数据，计算当前里程 S 位于线路的哪两个断面内。

确定好所处两个断面后，根据两个断面三维坐标插值出单元模型当前在线路上的空间坐标。其中 (x_1, y_1, z_1) 和 (x_2, y_2, z_2) 是轨道相邻断面中心点的三维坐标，断面处里程分别为 l_1 和 l_2，两断面里程间距为 $l = l_2 - l_1$。

将机车车辆定义为在线路上行驶的连续运动对象，而线路作为连续运动的路径函数[77]，线路函数定义为

$$F(s) = \begin{cases} x = x_1 + (s - l_1) \times (x_2 - x_1) / l \\ y = y_1 + (s - l_1) \times (y_2 - y_1) / l \\ z = z_1 + (s - l_1) \times (z_2 - z_1) / l \end{cases} \tag{5-1}$$

因此，在渲染某一帧图像时，首先要在线路上搜索机车及车辆模型在当前行程中某相邻轨道断面关键节点之间的位置，获得当前帧图像的实际运动位置点，如图 5-12 所示。然后将列车其他单元模型叠加在不同行驶位置上（直线段平移、曲线段平移+旋转），构成整个列车系统的运动。

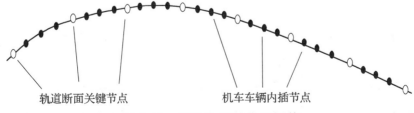

轨道断面关键节点　　　　　　　机车车辆内插节点

图 5-12　运动轨迹的位置插值

算法流程如图 5-13 所示。

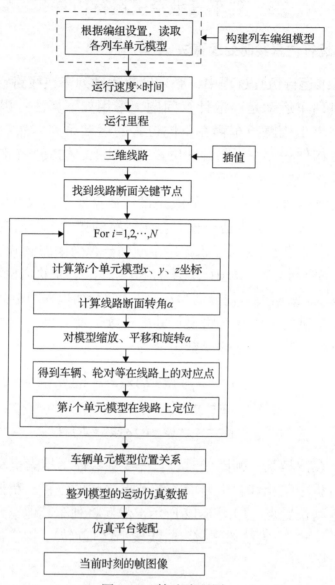

图 5-13　算法流程图

通过图 5-13 所示的算法，就可以实现每个列车车辆单元模型及其组成的构件在某一时刻的行程数据，与其在三维运动模型系统中所处的位置相匹配，同时每个车辆单元模型也与其他车辆单元模型相匹配。经过这种处理，将当前行驶位置车辆单元模型及其各构件与当前行驶位移量叠加，就得到列车整体模型在线路上的运动仿真。

5.3.2　列车位置信息的处理

　　列车的位置信息分为列车运行总距离 S 、列车在每个区段内的偏移 S_i、列车当前运行的总时间、运行能耗、当前运行速度和列车运行工况。列车运行总距离是仿真程序驱动视景向前推进的重要变量，而列车在每个区段的偏移量为用户提供了一个获取当前列车运行位置的接口。列车位置信息处理程序流程如图 5-14 所示。

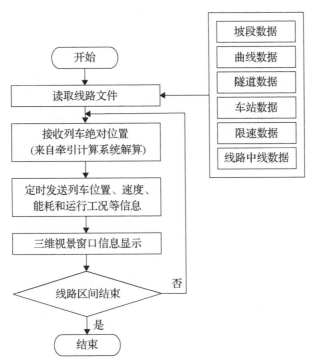

图 5-14　列车位置信息处理程序流程图

5.3.3　列车三维牵引运行仿真实现

　　采用 Visual C++编程语言和 OSG 三维图形库，在已有的铁路三维地理环境建模、线路实体建模和牵引计算结果数据的基础上，对列车三维牵引运行进行仿真实现，开发三维牵引运行仿真系统，系统以每节车体重心在线路平面的投影点作为运动坐标系的原点，以沿线路的延伸方向作为行进方向，根据不同的车辆和线路设计方案参数建立不同的列车与线路三维运动场景模型。仿真实现过程如下：

（1）在铁路数字化选线系统中进行线路设计，建立线路三维实体模型，如图 5-15 所示。

图 5-15　设计线路三维实体模型

（2）三维牵引运行仿真。进行列车模型编组设置，从基元模型库中调入模型机车车辆模型，经过模型解释和装配以及基于线路函数和牵引计算结果的列车运动位置信息生成，得到合理简化的列车、线路及环境模型，实现逼真的铁路运行环境。系统以一种有序的方式集成在综合仿真平台下，形成了列车-线路运动仿真场景。根据不同的车辆和线路参数建立多种列车模型，沿三维线路运行，模拟列车行车效果，实现列车运行里程、运行速度、运行时间、运行工况信息在三维场景中同步显示。图 5-16 为列车三维牵引运行仿真效果。

图 5-16　列车三维牵引运行仿真效果

5.4　线路三维场景漫游

线路设计过程中，经常需要动态观察三维线路及其与地形周边的融合关系，通过三维场景漫游技术可以实现在设计过程中实时查看线路及其经行区域的虚拟现实效果。

5.4.1　基于 OSG 的三维场景漫游技术

漫游可以理解为从当前位置移动到一个新的目标位置，或者在希望的方向上移动。三维场景中的漫游改变的是观察者（也就是相机）的位置和观察方向。当视点移动时，周围的景物也相对于视点反向移动，从而使周围的事物反映到大脑中，达到漫游的效果[78]。

在 OSG 中，通过 osgGA::MatrixManipulator 类的派生类来实现对场景相机（osg::Camera 类）的控制，从而实现漫游功能。MatrixManipulator 是一个继承自 osgGA::GUIEventHandler 的抽象基类，它提供了一系列矩阵变换和事件处理的接口，编写继承自 MatrixManipulator 的类，重载事件处理和矩阵变换函数，改变场景相机观察矩阵（包括相机的位置和姿态），达到漫游的效果[79,80]。

常见的漫游方式主要包括三种：漫游器漫游、沿路径漫游、自定义漫游。

1. 漫游器漫游

漫游器漫游即根据用户需求，指定对各种鼠标、键盘事件的处理方式，用户漫游场景时，使用鼠标或键盘操控相机位置或姿态，达到三维场景漫游的效果。在 OSG 中，主要是 osgGA 库来处理用户的交互动作。osgGA 的事件处理器主要由两大部分组成，即事件适配器和动作适配器。使用 osgGA::GUIEventAdapter 实例来接受更新，使用 osgGA::GUIActionAdapter 实例来向系统发出请求。osgGA::GUIEventHandler 类主要提供窗口系统的 GUI 事件接口，其提供了可扩展的虚函数 handle()，用户可以通过类的派生和虚函数的重构，实现自定义的交互处理事件，通过对函数 virtual boot handle(const GUIEventAdapter &ea, GUIActionAdapter &aa) 进行自定义来实现[81]。观察者利用事件控制与场景进行交互和响应，实现对场景的浏览。三维场景中的漫游是改变观察者（相机）的位置和观察方向，通过实时修正场景相机（Camera 类）观察矩阵的方式来实现场景浏览。在 OSG 中使用派生自 osgGA::GUIEventHandler 的 osg::MatrixManipulator 类来设置矩阵的控制，漫游的主要流程如图 5-17 所示。

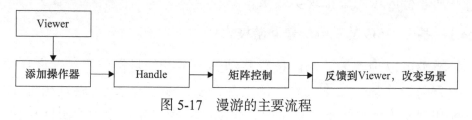

图 5-17　漫游的主要流程

2. 沿路径漫游

沿路径漫游是指由用户事先指定一条穿过场景的路线，并沿着这条路线为观察者（相机）进行导航。沿路径漫游在各种三维场景的展示中经常被用到，在铁路三维场景的展示中，沿路径漫游是一种最基本也最重要的漫游方式。基于 OSG 的路径漫游器类（osg::AnimationPath Manipulator）提供了实现沿路径漫游的接口，根据事先设置好的路径实时设置相机（Camera 类）的观察矩阵，自动改变相机位置和姿态，从而达到以驾驶员的视点模拟列车运行的效果[82]。其实现原理与其他漫游器类似，即根据需要，实时修正场景中的相机观察矩阵，改变相机的位置和姿态，达到漫游的效果，不同点在于其他漫游器响应鼠标或键盘消息对相机矩阵做出相应调整，而沿路径漫游器则是根据事先设置好的路径自动改变相机位置和姿态。

3. 自定义漫游

自定义漫游操作器实现的主要步骤如下：

（1）编写一个继承自 osgGA::MatrixManipulator 类的 TravelManipulator：新类。

（2）重载 Handle()及相关矩阵变换函数，添加合适的事件处理函数和执行的相关动作。

(3)碰撞检测。

(4)把操作器添加到当前视图场景中，在场景中启动该操作器。

在系统中实现的自定义漫游主要通过重构定义 TravelManipulator 函数来实现。实现的部分程序如下：

```
class TravelManipulator:public osgGA::MatrixManipulator
{
public:
    TravelManipulator();
public:
    //实现得到和设置矩阵的接口
    virtual void setByMatrix(const osg::Matrixd& matrix);
                                        //设置当前视口
    virtual void setByInverseMatrix(const osg::Matrixd&
matrix);//设置当前视口
    virtual osg::Matrixd getMatrix() const; //得到当前的矩阵
    virtual osg::Matrixd getInverseMatrix() const;
                                        //得到当前的矩阵逆
    //响应事件
    virtual boot handle(const osgGA::GUIEventAdapter &ea,
osgGA::GUIActionAdapter &us);
    void setStep(int step);//设置步长
    int getStep();//得到步长
    void setPosition(osg::Vec3d &position); //设置到某一点
    osg::Vec3d getPosition();    //得到当前坐标
    void setNode(osg::Node *node); //设置碰撞节点
    void setAuto(bool bauto);    //设置是否自动检测物体
private:
    void ChangePosition(osg::Vec3d &delta); //改变位置
private:
    osg::Vec3d meees vPosition; //存储视点坐标
    osg::Vec3 m_vRotation;    //朝向坐标
    int m_vStep; //漫游时的移动步长
    float m_vRotateStep; //漫游时的旋转步长
```

```
//记录坐标
int m_iLeftX;
int m_Lefty;
boot m_bLeftDown;
osg::Node *m_node; //进行碰撞检测的节点
boot m_bAuto;    //是否自动检测
osgViewer::Viewer m_viewer; //保存 Viewer
```

5.4.2　线路三维自动漫游技术

1. 线路漫游路径的创建

漫游路径由铁路线路上一系列关键点组成,每个关键点包含时间、位置、姿态三种信息,其中时间是指列车从开始运行到抵达该点所需要的实际运行时间,牵引计算结果中已具备该值。位置信息指该点在线路上的三维空间坐标,选线设计过程中,平面设计实体由一系列线元(直线、缓和曲线、圆曲线)构成,每个线元起点坐标、方位角、线元属性等信息保存在线元数组中,通过创建平面实体指针,对线元数组循环,找出路径上关键点所对应的线元,可求得对应点的平面坐标;同理创建纵断面设计实体指针,通过对变坡点数组进行循环找出路径上关键点对应的坡度,进而可求得路径上关键点的高程坐标[82]。姿态信息是指该点对应线元的方位角、倾斜角和滚动角,用来计算漫游过程中列车在三维空间的旋转角度。

在 OSG 中,为开发者提供了(osgGA::AnimationPathManipulator)动画路径漫游器类。该类是形成路径的强大的类,来实现路径漫游的接口。该类从 osgGA::MatrixManipulator 类继承而来,实现原理是根据需要实时修正场景中的相机观察矩阵,改变相机的位置和姿态,与其他漫游器相似。示例程序如下:

```
//位置节点,用来添加动画路径(用一个旋转节点也行)
    osg::ref_ptr<osg::PositionAttitudeTransform>pat=new
osg::PositionAttitudeTransform();
    //创建路径
```

```
osg::ref_ptr<osg::AnimationPath>animationPath=new
osg::AnimationPath();
    animationPath=createAnimationPath(ptStart,ptEnd,
timeRange.GetStartTime(),timeRange.GetEndTime());
```
　　　　　　　　　　　　　　　　　　　　　　　　// 创建一个路径
//设置更新回调
```
    pat->setUpdateCallback(new osg::AnimationPathCallback
(animationPath.get(),0.0f,1.0f));
```

创建场景中路径的漫游时，需要控制漫游过程中与视点相关的时间、位置、旋转角度的固定量，如图 5-18 所示。因此，要先取场景中漫游的点，然后插值形成一种文件，该文件中含有位置、时间、旋转角度这三个信息。

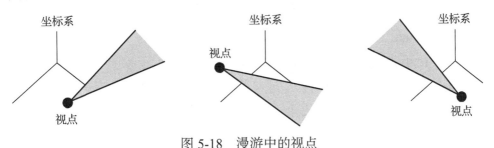

图 5-18　漫游中的视点

2. 路径生成的曲线插值算法

埃尔米特(Hermite)曲线非常实用和易于计算，常被用于关键点的平滑插值，研究选用 Hermite 和 Cardinal 曲线插值。

1) Hermite 曲线

Hermite 曲线必须要两个点与两点处的切线向量来控制，假定起点为 P_i，终点为 P_{i+1}，起点的切线为 m_i，终点的切线为 m_{i+1}，三次 Hermite 曲线方程为

$$P(t) = at^3 + bt^2 + ct + d , \quad t \in [0,1] \tag{5-2}$$

边界条件为

$$P(0) = P_i , \quad P(1) = P_{i+1} , \quad P'(0) = m_i , \quad P'(1) = m_{i+1} \tag{5-3}$$

将边界条件代入式(5-2)，可以解出 a、b、c、d，将 t 从 0 增加到 1 便可以得出曲线。

因为切线的长度是未知的，即使对斜率固定的两点进行插值，也可以插出多种不同的曲线，如图 5-19(a)所示。

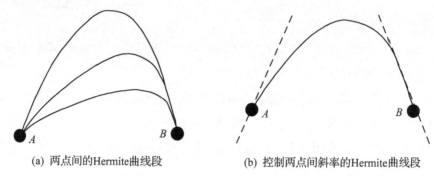

(a) 两点间的Hermite曲线段　　　　(b) 控制两点间斜率的Hermite曲线段

图 5-19　Hermite 曲线斜率的判定

2)Cardinal 曲线

Cardinal 曲线是在 Hermite 曲线的基础上增加了对斜率的控制，两者曲线方程相同，边界条件不同。基本思想是使用四个点来确定一条曲线段，即前两个点与后两个点控制斜率，从而确定了中间两个点的曲线段，如图 5-19(b)所示。

通过持续压入 n 个关键点，便可以形成一个过 $n-2$ 个关键点的曲线，在关键点的头部与尾部进行处理便可以得到过这 n 个关键点的曲线。

假设相邻的四个点分别为 P_{i-1}、P_i、P_{i+1}、P_{i+2}，Cardinal 曲线方程见式(5-2)，边界条件为

$$P(0) = P_i, \quad P(1) = P_{i+1}, \quad P'(0) = \frac{1}{2}(1-t) \times (P_{i+1} - P_{i-1}),$$

$$P'(1) = \frac{1}{2}(1-t) \times (P_{i+2} - P_i) \tag{5-4}$$

将边界条件代入式(5-2)，可以解出 a、b、c、d，然后把 t 从 0 变化到 1 解出整条曲线。程序中使用这条曲线近似拟合线路漫游路径。

3. 路径漫游的姿态角度

路径漫游是按事先固定好的路径浏览，所以路径漫游时要设置路

径的姿态角度，即相机处于该点时的窗口朝向。OSG 提供了四种情况的固定角度，如图 5-20 所示。在铁路三维场景中，A 点为出发点，B_i 点为线路上运行的点；Y 轴所指的方向为三维渲染引擎 OSG 绝对零度方向，铁路在沿线漫游时需要实时调整窗口朝向，使列车在直线段上运行时面朝正前方，在曲线段上运行时面朝曲线的切线方向；窗口方向调整方式为绕 Z 轴旋转，旋转方式遵循右手规则，旋转角度为 α_i。α_i 的计算方式为过点 B_i 与行车方向作切线 L，切线 L 的方位角即为 α_i。同时也可在漫游路径关键点添加该点运行工况等信息用于仿真漫游过程中信息在屏幕上同步显示[82]。

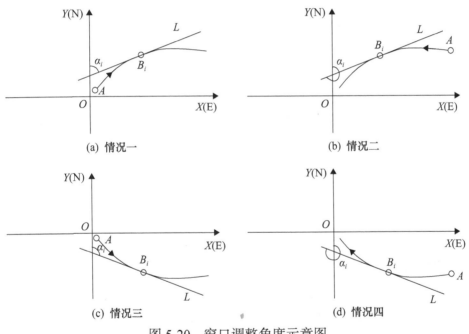

图 5-20　窗口调整角度示意图

4. 漫游路径形成

上述过程执行完成后，生成了一种含有位置、时间、旋转角度的文件，也就是 path 文件。时间是指运行多长时间达到目标的位置，时间的计算是根据压入所有的关键点，用两点间距离公式得到所有关键点的直线距离的总长度。总的运行时间用单位长度需要的时间乘以总长度就可得到，最后压入关键点和所有时间后形成 AnimationPath 的 path 文件。路径录制在漫游过程中记录相机视点数据并保存成路径文件，可以通过路径模式进行路径回放[83]。

具体是通过 osg::Viewer 的事件管理器来实现，相关程序如下：

```
bool PathRecordEventHandle::handle(const GUI EventAdapter &ea,
GUI ActionAdapter &aa)
 {
 osgViewer::View* view=dynamic cast<osgViewer::View*>(&aa);
     if(view==NULL)
     {return false;}
     if(ea.getEventType==osgGA::GUIEventAdapter::FRAME)
   {
     //当前帧时间
     osg::Timer_t time=osg::Timer::instance()->tick;
     double delta=osg::Timer::instance()
 ->delta_s(lastFrame-Time,time);
     _astFrameTime=time;
     //达到时间间隔,记录路径点
       if(_animPath.valido&&currentlyRecording&&_elta>=
 _interval&&animPath->getLastTime<3600.0)
     {
     Const osg::Matrixd& m=view->getCamera()
 ->getInverse ViewMatrix;
     doubleanimationPathTime=Timer::instance()
 ->delta_s(_animStartTime,time);
     _animPath->insert(animationPathTime,ControlPoint
 (m.getTrans(),m.getRotate()));
     _elta=0.0f;
     }
```

```
else
{
    _delta+=delta;
return true;}
if(ea.getHandled())
        return false;
}
}
```

5.4.3　线路三维场景漫游实现

1. 线路三维自动漫游

以列车驾驶员角度实现按照线路中线路径漫游，设置起始里程、终止里程、漫游速度，即可开始漫游。对于双线铁路，若指定的起始里程大于终止里程，则在左线一侧漫游，反之在右线一侧漫游。单线有砟轨道和双线无砟轨道实现的线路自动漫游效果如图 5-21 所示。

(a) 单线有砟轨道线路自动漫游　　　　　(b) 双线无砟轨道线路自动漫游

图 5-21　线路自动漫游效果

2. 交互式漫游

通过漫游器控制交互式漫游，主要指响应用户输入端消息，移动、旋转或缩放场景，便于用户多角度全方位查看铁路线路三维场景。铁路交互式漫游效果如图 5-22 所示。

图 5-22　线路交互式漫游效果

第6章 基于虚拟环境的铁路实体选线设计

基于虚拟环境的铁路实体选线是在三维地理环境建模和三维地质环境建模的基础上，根据项目拟定的线路主要技术标准，选定线路实体建模标准和模板，在三维虚拟环境下综合分析选线区域的地形、地质、资源分布和环境保护区等条件，三维可视化地确定出线路空间位置，实时布设各种结构物，形成线路实体方案的过程。本章主要介绍铁路数字化选线系统中实现的实体选线设计技术及系统的主要功能。

6.1 基于虚拟环境的线路平面定线

虚拟环境为线路设计人员在室内对线路的走向进行选择提供了环境载体，为选线设计者在计算机屏幕上提供了最直观的外部选线环境，设计人员通过大范围、多角度立体观察地形地貌，对线路走向及其周围的地理环境有了直观的认识，结合工程地质环境模型，进行地质情况分析。在此基础上通过综合分析区域内地形、地貌、工程地质、地理条件及不良地质分布等相关因素，拟定线路走向[22,84]。在三维虚拟环境(主要考虑地形、地质环境)中的线路平面定线主要分以下三个步骤。

(1)线路走廊带选择。

线路走廊带选择主要是解决起点与终点之间线路的基本走向问题。若主要控制点已经确定，则直接导入控制点即可，建立线路走廊带。若主要控制点未确定，则在虚拟地理环境立体模型上从较大面积范围内找出各种可能的线路走廊带。当主要控制点确定后，线路走廊带也就确定下来。走廊带控制点间有不同的连接方法，构成了线路走廊带不同的方案。

(2) 次级控制点选定。

在线路走廊带选定的基础上，在三维地理环境中确定线路可能经过的控制点。选线控制点可分为两类：初始控制点和其他控制点。初始控制点包括线路起点、终点、大的中间运输中心等，这些点在预可行性研究阶段确定。局部走向方案选择的任务是在规划的可行区域内确定其他控制点，如垭口和主要地形控制点、房屋、桥址中心、隧道中心、道路交叉点、不良地形和地质区域以及中间站中心等。一般通过键盘输入和直接在三维环境下点选确定控制点位置，并赋予控制点属性[1]。

(3) 线路平面位置确定。

与传统选线类似，在分析地形、地貌、地质的基础上，确定线路方案折线交点，将各控制点和所选取的线路方案的折线交点统一称为线路方案的设计交点。连接这些设计交点，所构成的折线基本上确定了线路方案的空间平面走向。然后通过程序精确计算出设计交点的曲线要素，再计算出对应三维地面坐标，确定线路平面走向位置。线路走廊带三维地理环境及线路平面走向示意如图 6-1 所示。

图 6-1　线路走廊带三维地理环境及线路平面走向示意

6.2　面向构造物布置的三维实体选线设计

1. 线路初始中心线设计

线路走向位置基本确定后，可分别在铁路数字化选线系统的三维环境视窗、纵断面视窗中进行三维线路中心线初始设计修改，如在三维环境视窗中，选中交点，可移动交点到新位置，纵断面位置跟随变化，通过纵断面视窗可以辅助线路空间定位，确定出初始线路中心线的空间位置。系统窗口协同工作界面如图 6-2 所示。

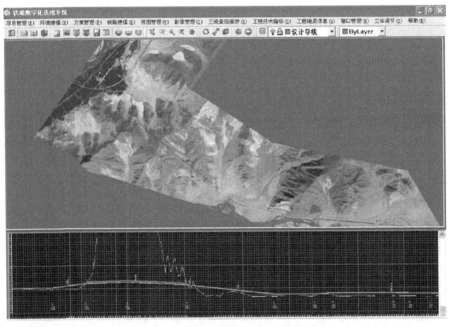

图 6-2　系统窗口协同工作界面

2. 基于三维构造物模型的实体选线设计[85]

初步确定线路中心线空间位置后，对铁路构造物信息进行统计，统计计算方案线上所有构造物（桥梁、隧道、路基等）的形式、位置、关联关系等信息，统计完成后，对方案线进行自动化实时建模，调用线路构造物实体建模，进行模型组合匹配，建立铁路三维实体选线方案。在三维可视化环境中，进行构造物布设方案分析，铁路三维实体选线方案路基段如图 6-3(a) 所示，桥梁段如图 6-3(b) 所示。

 (a) 路基段　　　　　　　　　　　　　　(b) 桥梁段

图 6-3　铁路三维实体选线方案

3. 基于三维实体设计的选线方案修改

在系统三维环境视窗中，单击选中三维铁路构造物模型，如路堤(路堑)、桥梁、隧道，并对其进行分析与修改。路堤(路堑)地段三维实体选线界面如图 6-4 所示，隧道地段三维实体选线界面如图 6-5 所示，桥梁地段三维实体选线界面如图 6-6 所示。

4. 线路三维方案评价与比选

方案线的空间位置确定后，建立三维线路模型，在该三维投影环

图 6-4　路堤(路堑)地段三维实体选线界面

图 6-5　隧道地段三维实体选线界面

图 6-6　桥梁地段三维实体选线界面

境下，可对方案线的工程结构方案进行直观的查看、评价和修改，并针对不同的结构方案进行比选。通过工程数量对比、对周围环境的影响，以及分析地形、地质信息等因素，用户可以选择不同的结构方案进行比较。不同结构方案比选示例如图 6-7 和图 6-8 所示。

5. 工程技术指标统计

工程技术指标统计主要通过可视化报表形式，对方案线的填挖方量和线路诸表进行统计汇总和输出。方案线统计数据览表如图 6-9 所示。

(a) 隧道方案　　　　　　　　　　　　　(b) 高路堑方案

图 6-7　隧道方案与高路堑方案比选

(a) 路堤方案　　　　　　　　　　　　　(b) 高架桥方案

图 6-8　路基方案与高架桥方案效果图对比

序号	类型	起始里程 (M)	终点里程 (M)	总长度 (M)	挖方量 (M^3)	备
88	路堤	16950.00	16990.00	40.00	5557.9	ME
89	桥梁	16990.00	17280.00	290.00	0	ME
90	路堤	17280.00	17295.00	15.00	2534.59	ME
91	路堑	17295.00	17320.00	25.00	5667.24	ME

合计　路堤：38段 总长3455 米,填方量2964645.21 立方米

路堑：31段 总长2980 米,挖方量4512613.78 立方米

桥梁：15座 总长4395 米

隧道：7条 总长6490 米,挖方量1357638.22 立方米

输出E　打印P　打印设置S　预览V　页面设置P　取消C

图 6-9　方案线统计数据览表

6. 铁路实体选线方案漫游

对铁路实体选线设计方案进行漫游预览，为设计者和决策者对线路方案的整体评价提供帮助。方案线沿中线自动漫游如图 6-10 所示。

图 6-10　方案线沿中线自动漫游

6.3　基于三维工程地质环境的空间实体选线

根据建立的三维工程地质环境模型，开展三维空间实体选线，实现线路构造物空间选址和布置方案优化设计。通过对地质实体和选线方案线路实体的三维空间冲突分析，合理地设计和优化线路方案。选线工程师可以在不良地质对象影响区域范围分析线路构造物的结构方案，并进行不同结构物方案的比选。三维地质环境中对线路实体与地质实体对象空间关系观察分析如图 6-11 和图 6-12 所示。

当检测到线路实体构造物与地质实体冲突时，可以根据系统给出的建议合理、实时地更改方案线。如图 6-13 所示，当检测到隧道通过崩塌区域并且隧道洞门的位置离崩塌区域很近，处于崩塌区域的影响范围时，在该处开挖隧道洞门很可能会引起山体失稳而危及线路安全，此时选线策略是优先绕避通过，如图 6-14 所示。如果无法绕避，可以选择隧道洞门早入的方式，使得洞门开挖区域远离崩塌的危害区域，如图 6-15 所示[60]。

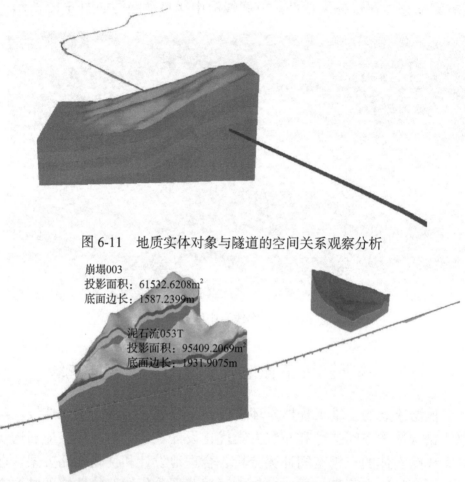

图 6-11　地质实体对象与隧道的空间关系观察分析

崩塌003
投影面积：61532.6208m²
底面边长：1587.2399m

泥石流053T
投影面积：95409.2069m²
底面边长：1931.9075m

图 6-12　不良地质实体对象与桥梁的空间关系观察分析

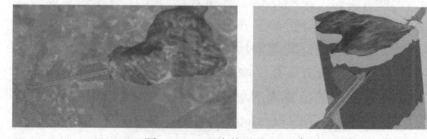

图 6-13　以隧道形式通过崩塌地段

图 6-14　以桥梁形式绕避崩塌地段

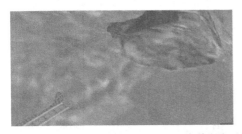

图 6-15　以隧道洞门早入的形式通过崩塌地段

基于空间冲突分析的不良地质地段线路结构方案比选如图 6-16 所示。

(a) 位于不良地质对象区域的原方案线　　　　(b) 以高架桥的形式通过

(c) 以路基的形式绕避通过

图 6-16　基于空间冲突分析的不良地质地段线路结构方案比选

6.4 铁路数字化选线系统

铁路数字化选线系统集成了先进的空间信息技术、现代测绘技术、虚拟现实技术和计算机仿真技术，直接基于航测、卫星影像信息，建立三维立体地理环境模型，采用基于虚拟地理环境的三维实体选线设计理念代替传统的二维透视设计方法，通过铁路构造物三维实体实时建模，实现了基于真实感地理环境的三维实体选线设计技术[85]。

系统主要功能包括项目管理(新建项目、打开工程项目、设置主要技术标准、保存项目、关闭项目)、环境管理(三维地理环境建模、工程地质环境建模、环境信息管理)、方案线管理(新建、打开、保存、关闭、导入、导出方案线)、线路建模(线路技术指标统计计算、线路三维建模、线路模型管理)、工程技术指标(主要工程技术指标统计、线路诸表)、三维场景漫游(自动漫游、交互漫游、漫游录像)、视图管理(三维场景视图、平面视图、纵断面视图、横断面视图)、立体调节等。系统三维实体选线设计主界面如图 6-17 所示。

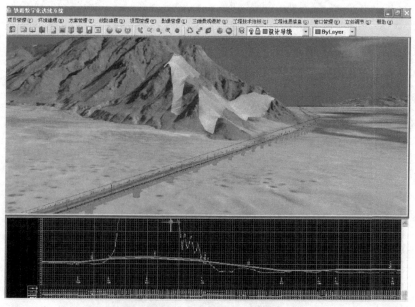

图 6-17　系统三维实体选线设计主界面

第7章 工程案例验证及应用

7.1 成渝客运专线案例

7.1.1 工程实例区概况

工程实例应用一选用成渝客运专线资阳至内江段工程资料进行验证。成渝客运专线是沪蓉快速客运通道及沿江高铁的重要组成部分，设计时速为 350km/h，初期执行 250km/h、300km/h 两类运营速度，案例段线路主要技术标准见表 7-1。三维建模区域范围为资阳至内江段长约 71km 的带状区域。

表 7-1 案例段线路主要技术标准（成渝客运专线）

序号	主要技术标准	推荐意见
1	铁路等级	客运专线
2	正线数目	双线
3	速度目标值	300km/h
4	正线间距	5.0m
5	限制坡度	20‰
6	最小曲线半径	一般 7000m，困难 5500m
7	牵引种类	电力
8	到发线有效长度	650m
9	列车运行控制方式	CTCS-3
10	行车指挥方式	调度集中

7.1.2 三维地形环境建模

1. DEM 和 DOM 数据

根据设计单位测绘部门提供的 DEM 和分块 DOM 数据，采用 Global Mapper 软件去除影像黑边，得到宽约 3.8km、长约 71km 的带状 DEM 和 DOM 资料。DOM 为黑白影像，影像分辨率为 0.2m；

DEM 由历史航片得来，精度满足 1：10000 地形图要求。工程实例区 DEM 和 DOM 数据示意如图 7-1 和图 7-2 所示。

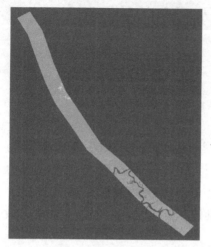 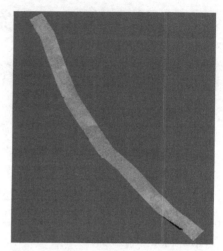

图 7-1　DEM 数据（成渝客运专线）　　图 7-2　DOM 数据（成渝客运专线）

2. 三维地形环境建模

应用金字塔分层分块模型、四叉树分割、多级纹理映射、LOD 等技术，将长大带状地形数据 DEM 和影像数据 DOM 处理成分块分区多层次多细节 LOD 三角网地形块，建立二进制的地形分页数据库。采用四叉树方式组织不同细节层次的地形数据，最后经过分块分区纹理映射后构建了三维地形环境模型。基于 Oracle OCI 技术和多线程技术，采用实时动态调度策略，在不同的视点位置下调入不同的分辨率地形块进行显示，建立了多分辨率的三维选线地形环境，在不同视点下调度显示，如图 7-3 所示。

(a) 多分辨率带状地形环境（视点1）　　(b) 多分辨率带状地形环境（视点2）

(c) 地形三角网格显示(视点3)　　　　　(d) 多分辨率带状地形环境全景(视点4)

图 7-3　成渝客运专线实例区多分辨率带状地形环境

7.1.3　三维工程地质环境建模

1. 建模数据准备

在地形数据基础上，三维工程地质环境建模还收集和提取了如下数据类型：

(1)预可行性研究阶段的 1:200000 遥感解译地质图。

(2)1:10000 地质平面图(提取不良地质区域范围等矢量数据)。

(3)不良地质分布图(提取不良地质区域范围等矢量数据)。

(4)横 1:10000、竖 1:1000 的地质剖面图。

(5)工程实例区数字化钻孔数据。

(6)建模区域的带状边界范围特征线。

(7)建模区域提取的不良地质对象信息，包括区域边界范围、解译影像、属性描述等。

2. 工程地质虚拟环境建模

针对地表涉及的不良地质区域对象模型，首先采用矢量化边界高程点进行不规则三角网构网建模，然后叠加解译栅格影像与地形环境进行融合，最后附加解译属性文字动态提示。工程地质虚拟环境建模如图 7-4 所示。

3. 长大带状工程地质环境建模

在工程地质虚拟环境建模的基础上，添加工程实例区的钻孔数据，基于 GTP 地质体建模方法，分块构建地质实体模型，对分块地质实体模型进行空间定位，建立工程实例区长大带状工程地质环境模型，如图 7-5 和图 7-6 所示。

图 7-4　工程地质虚拟环境建模

图 7-5　工程实例区长大带状地质环境模型(视点 1)

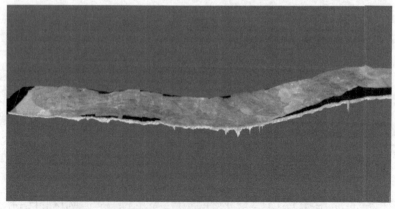

图 7-6　工程实例区长大带状地质环境模型(视点 2)

7.1.4 线路实体三维建模

1. 轨道三维建模

采用基于模型库的基元模型拼装式方法进行轨道建模。根据轨道板与线路中线的相对位置和角度，调用模型库中的基元模型，把轨道基元模型导入三维场景，通过缩放和旋转后平铺到线路上，实现轨道三维建模。案例段线路铺设的是 CRTS I 型双块式无砟轨道，轨道三维模型如图 7-7 和图 7-8 所示。

图 7-7 案例段轨道三维模型（直线段）

图 7-8 案例段轨道三维模型（曲线段）

通过参数修改，调用不同轨道模型，进行轨道换铺，实现不同的轨道样式。案例段线路无砟轨道换铺有砟轨道效果图如图 7-9 所示。

图 7-9　案例段线路无砟轨道换铺有砟轨道效果图

2. 桥梁三维建模

案例段桥梁主要以简支梁桥和连续梁桥为主，在线路实体建模中，桥梁建模分为梁、墩台、桥上附属设施分别进行，不同线路方案的应用可进行参数化调整。案例段部分桥梁列表见表 7-2。

表 7-2　案例段部分桥梁列表

桥梁名称	里程冠号	中心里程/m	桥全长/m	孔跨样式	线数
老鸦藤双线大桥	DK	83146	216.2	1×24m+4×32m+2×24m	2
雷打坡双线大桥	DK	83601	264.902	1×24m+7×32m	2
雷打坡双线中桥	DK	83817	61.084	2×24m	2
高庙子双线特大桥	DK	84161	895.639	1×24m+16×32m+2×24m+ 5×32m+1×24m+3×32m	2
…	…	…	…	…	…
柏杨湾双线特大桥	DK	140397	371.134	11×32m	2
邱家湾双线大桥	DK	141726	207.5	6×32m	2

案例段简支梁桥三维建模效果如图 7-10 所示。

(a) Y形墩简支梁桥

(b) 圆端形板式墩简支梁桥

图 7-10　案例段简支梁桥三维建模效果

　　通过不同模型的调用、参数化装配，实现桥梁结构选型的多样式建模，如图 7-11～图 7-14 所示。

图 7-11　上承式钢筋混凝土空腹拱桥

图 7-12　中承式钢筋混凝土拱桥

图 7-13　钢箱叠合拱桥

图 7-14　钢系杆拱桥

3. 隧道三维建模

隧道建模分为隧道洞身和洞门两部分，共同构成隧道的整体三维模型。案例中的隧道洞身采用几何参数化建模，隧道洞门采用基于模型库的模型调用建模，参数化修改。案例段部分隧道列表见表 7-3。

表 7-3　案例段部分隧道列表

隧道名称	里程冠号	起点里程/m	终点里程/m
刘家湾隧道	DK	97230	97540
曾家沟隧道	DK	100800	101010
马鞍梁子隧道	DK	117295	117770
回湾村隧道	DK	119705	119905
…	…	…	…
梨儿园隧道	DK	133629	135248
坛蹬岩隧道	DK	135996	136212
龙神坳隧道	DK	138605	139276
四方碑隧道	DK	140585	141310

隧道洞身建模效果如图 7-15 和图 7-16 所示。隧道洞门建模效果如图 7-17 和图 7-18 所示。

图 7-15　隧道洞身建模效果一

图 7-16　隧道洞身建模效果二

图 7-17　柱式洞门隧道

图 7-18　喇叭口式洞门隧道

　　选用不同的护坡样式,如正切式洞门浆砌片石护坡,参数化修改后隧道建模效果如图 7-19 所示。

图 7-19　正切式洞门浆砌片石护坡隧道

4. 路基三维建模

　　路基和边坡建模采用双线路基横断面模板和线路中心线进行放样,通过 OSG 渲染引擎提供的几何图元构建模型,路堤、路堑建模效果如图 7-20 和图 7-21 所示。参数化修改后路基多样式建模效果如图 7-22 所示。

图 7-20　路堤建模效果

图 7-21　路堑建模效果

图 7-22　路基多样式建模效果

7.1.5　案例段三维牵引计算与运行仿真

根据案例段线路设计资料，采用 CRH300 动车组进行牵引计算和三维运行仿真。选取 DK81+000～DK151+000 里程段，步长取 1.0s，案例段线路 CRH300 动车组部分牵引计算结果见表 7-4。

表 7-4　案例段线路 CRH300 动车组部分牵引计算结果

坡段编号	走行距离/m	走行时间/s	累计走行时间/s	走行速度/(km/h)	运行工况	起点里程/m	终点里程/m
13	25.396	0.59	461.646	154.018	制动	80997.03	81022.42
13	25.098	0.59	462.236	152.018	制动	81022.42	81047.52
13	24.799	0.591	462.827	150.018	制动	81047.52	81072.32
13	24.499	0.592	463.419	148.018	制动	81072.32	81096.82
13	24.198	0.593	464.012	146.018	制动	81096.82	81121.02
13	23.897	0.593	464.605	144.018	制动	81121.02	81144.91
13	23.595	0.594	465.199	142.018	制动	81144.91	81168.51
13	23.292	0.595	465.794	140.018	制动	81168.51	81191.8
13	22.988	0.595	466.389	138.018	制动	81191.8	81214.79
13	22.684	0.596	466.985	136.018	制动	81214.79	81237.48
13	22.379	0.597	467.582	134.018	制动	81237.48	81259.85
13	22.073	0.597	468.179	132.018	制动	81259.85	81281.93
...	...	...	...	...	...	...	...
27	81.908	1	486.902	294.993	牵引	113802	113883.9
27	81.863	1	487.902	294.419	惰行	113883.9	113965.8
27	81.704	1	488.902	293.846	惰行	113965.8	114047.5
27	81.545	1	489.902	293.275	惰行	114047.5	114129
...	...	...	...	...	...	...	...
31	6.864	0.536	632.8	45.109	制动	123034	123040.9

坡段 编号	走行 距离/m	走行 时间/s	累计走行 时间/s	走行速度 /(km/h)	运行 工况	起点里程 /m	终点里程 /m
31	6.568	0.536	633.336	43.109	制动	123040.9	123047.4
31	6.273	0.536	633.872	41.109	制动	123047.4	123053.7
31	5.978	0.537	634.409	39.109	制动	123053.7	123059.7
31	5.682	0.537	634.946	37.109	制动	123059.7	123065.4
31	5.387	0.537	635.483	35.109	制动	123065.4	123070.7
31	5.091	0.537	636.02	33.109	制动	123070.7	123075.8
31	4.795	0.538	636.558	31.109	制动	123075.8	123080.6
31	4.498	0.538	637.096	29.109	制动	123080.6	123085.1
31	4.202	0.538	637.634	27.109	制动	123085.1	123089.3
31	3.906	0.539	638.173	25.109	制动	123089.3	123093.2
31	3.608	0.539	638.712	23.109	制动	123093.2	123096.8
31	3.312	0.539	639.251	21.109	制动	123096.8	123100.1
31	3.015	0.54	639.791	19.109	制动	123100.1	123103.2
31	2.717	0.54	640.331	17.109	制动	123103.2	123105.9
31	2.42	0.541	640.872	15.109	制动	123105.9	123108.3
31	2.122	0.541	641.413	13.109	制动	123108.3	123110.4
31	1.825	0.543	641.956	11.109	制动	123110.4	123112.3
31	1.527	0.544	642.5	9.109	制动	123112.3	123113.8
31	1.229	0.546	643.046	7.109	制动	123113.8	123115
31	0.931	0.549	643.595	5.109	制动	123115	123115.9
31	0.632	0.554	644.149	3.109	制动	123115.9	123116.6
31	0.335	0.776	644.925	0	制动	123116.6	123116.9
32	0.264	1	1	1.9	牵引	123116.9	123117.2

坡段编号	走行距离/m	走行时间/s	累计走行时间/s	走行速度/(km/h)	运行工况	起点里程/m	终点里程/m
32	0.845	1	2	4.185	牵引	123117.2	123118
32	1.479	1	3	6.465	牵引	123118	123119.5
32	2.112	1	4	8.74	牵引	123119.5	123121.6
32	2.743	1	5	11.009	牵引	123121.6	123124.4
32	3.373	1	6	13.274	牵引	123124.4	123127.7
32	4.001	1	7	15.533	牵引	123127.7	123131.7
32	4.628	1	8	17.787	牵引	123131.7	123136.4
32	5.253	1	9	20.036	牵引	123136.4	123141.6
32	5.877	1	10	22.279	牵引	123141.6	123147.5
32	6.5	1	11	24.517	牵引	123147.5	123154
32	7.12	1	12	26.75	牵引	123154	123161.1
32	7.74	1	13	28.977	牵引	123161.1	123168.8
32	8.358	1	14	31.199	牵引	123168.8	123177.2
32	8.974	1	15	33.415	牵引	123177.2	123186.2
32	9.589	1	16	35.626	牵引	123186.2	123195.8
32	10.202	1	17	37.831	牵引	123195.8	123206
32	10.814	1	18	40.031	牵引	123206	123216.8
...	...	...	...	...	...	...	...
42	31.883	0.592	433.021	192.803	制动	150717.6	150749.5
42	31.612	0.593	433.614	190.803	制动	150749.5	150781.1
42	7.861	0.149	433.763	190.303	制动	150781.1	150788.9
42	1.962	0.037	433.8	190.178	制动	150788.9	150790.9

续表

坡段编号	走行距离/m	走行时间/s	累计走行时间/s	走行速度/(km/h)	运行工况	起点里程/m	终点里程/m
43	3.294	0.062	433.862	189.727	惰行	150790.9	150794.2
43	1.647	0.031	433.893	189.71	惰行	150794.2	150795.8
43	0.823	0.016	433.909	189.701	惰行	150795.8	150796.7
43	0.412	0.008	433.917	189.696	惰行	150796.7	150797.1
43	0.206	0.004	433.921	189.694	惰行	150797.1	150797.3
43	0.103	0.002	433.923	189.693	惰行	150797.3	150797.4
43	163.085	3.111	437.034	187.693	制动	150797.4	150960.5
43	30.017	0.579	437.613	185.693	制动	150960.5	150990.5
43	29.733	0.58	438.193	183.693	制动	150990.5	151020.2

成渝客运专线简阳南—隆昌北牵引计算 VS、TS 曲线如图 7-23 所示。

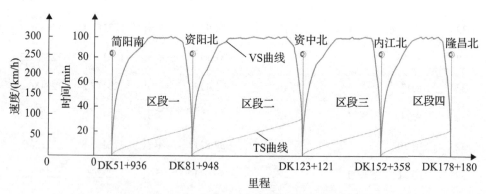

图 7-23　成渝客运专线简阳南—隆昌北牵引计算 VS、TS 曲线

在铁路三维场景中，根据牵引计算结果，模拟列车实际行车效果，动态同步显示列车运行区间、运行工况、运行速度、运行时间、运行里程信息。三维运行分别模拟了驾驶员视角和车外观察者视角的动态仿真。列车三维牵引计算与运行仿真效果如图 7-24 和图 7-25 所示。

(a) 里程DK84+345.49

(b) 里程DK87+462.17

图 7-24　列车三维牵引计算与运行仿真效果（车外观察者视角）

(a) 里程DK81+665.72

(b) 里程DK83+562.38

(c) 里程DK95+687.94

图 7-25　列车三维牵引计算与运行仿真效果(驾驶员视角)

7.1.6　案例段线路三维漫游

　　三维漫游主要是对建立的方案线三维模型进行线路自动漫游、场景交互漫游、高空飞行漫游和漫游过程录像等。自动漫游是以线路中线高程为漫游视点高程,以线路里程等步长或者按照牵引计算结果仿真运行漫游。场景交互漫游允许观察者从不同的角度动态查看线路三维场景,可以使用上下左右方位键、滚轮等进行漫游控制。高空飞行漫游是以距线路固定高差的高程值作为视点高程对线路三维场景进行自动漫游。漫游过程可以使用漫游录像功能录制 AVI 视频。案例段线路三维漫游效果如图 7-26～图 7-28 所示。

图 7-26　案例段线路自动漫游效果(根据等里程间隔)

图 7-27　案例段线路自动漫游效果(根据三维牵引运行仿真结果)

(a) 场景交互漫游

(b) 高空飞行漫游

图 7-28　案例段线路场景控制漫游效果

7.2　西部某铁路线路案例

7.2.1　工程实例区概况

工程实例应用二选用西部某铁路某段约 60km 实际工程项目资料开展。该铁路案例段处于高山峡谷区，山脉走向主要为东西向，山势雄伟，群峰高耸。该段主要工程地质问题为崩塌、滑坡、溜砂、冰川泥石流活跃，类型较多，工程地质条件差。

该铁路案例段为单线电气化 I 级铁路，设计行车速度为 160km/h。案例段线路主要技术标准见表 7-5。

表 7-5　案例段线路主要技术标准(西部某铁路)

序号	主要技术标准	推荐意见
1	铁路等级	I 级
2	正线数目	单线
3	旅客列车设计行车速度	160km/h
4	限制坡度	12‰，加力坡 24‰
5	最小曲线半径	一般 2000m，困难 1600m，特别困难 800m
6	牵引种类	电力
7	机车类型	货机 HXD2，客机 HXD1D
8	牵引质量	2700t/3400t
9	到发线有效长度	650m
10	闭塞类型	站间自动闭塞

7.2.2　选线三维环境建模

1. 建模数据准备

主要收集和采集如下资料：

(1)1∶10000 地形平面图(提取了离散点数字地形模型，包含 629964 个点)。

(2)预可行性研究阶段的 1∶200000 遥感解译地质图。

(3) 1:10000 地质平面图(提取不良地质区域范围等数据)。

(4) 不良地质、矿产分布图(提取不良地质区域范围、矿产资源等数据)。

(5) 横 1:10000、竖 1:1000 的案例段地质剖面图(提取虚拟钻孔 743 个)。

(6) 测绘专业数字摄影测量系统输出的工程实例区 4m 分辨率 DEM。

(7) 基于网络地理信息服务下载了线路经行区域分辨率 0.4m 左右的影像数据,拼接生成了工程实例区 DOM。

(8) 案例段 1764 个钻孔柱状图和重大工点区域特大桥 110 个钻孔柱状图,提取数字化钻孔数据。

(9) 建模区域的带状边界范围特征线。

(10) 建模区域提取的不良地质对象信息,包括区域边界范围、解译影像、属性描述等(共 67 个)。

2. 坐标系说明

坐标系采用工程独立坐标系,高程系统采用 1985 年国家高程系统。X 轴指向正东,Y 轴指向正北,Z 轴从低海拔指向高海拔。

3. 三维地理环境建模

采用项目提取的 DEM、网络采集的 DOM 数据,如图 7-29 和图 7-30 所示,与线路经行区域的条带状约束边界,分块分区构建三维地理环境,如图 7-31 和图 7-32 所示。

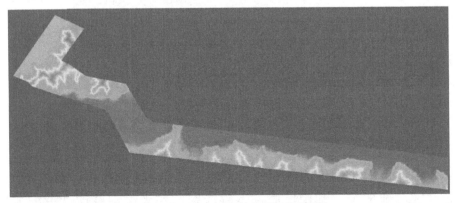

图 7-29　DEM 数据(西部某铁路)

图 7-30　DOM 数据（西部某铁路）

图 7-31　三维地理环境建模（全景）

图 7-32　三维地理环境建模（局部）

4. 矢栅一体化工程地质虚拟环境构建

采用不良地质对象的空间分布范围矢量数据构建约束 TIN 模型，投影到三维地形上，利用地质灾害解译影像作为纹理叠加到三维地形上，实现 DEM 与矢量数据和地质解译影像的三维叠加，建立直观的工程地质虚拟环境，如图 7-33 所示。

崩塌003
投影面积：61532.6208m²
底面边长：1587.2399m

泥石流053T
投影面积：95409.2069m²
底面边长：1931.9075m

泥石流054T
投影面积：99571.021m²
底面边长：1288.9858m

图 7-33　地表矢栅一体化工程地质虚拟环境建模

5. 钻孔可视化建模

采用 OSG 三维图形渲染引擎，构建了钻孔可视化实体对象。沿线路走向布置的钻孔实体对象可视化建模效果如图 7-34 所示。

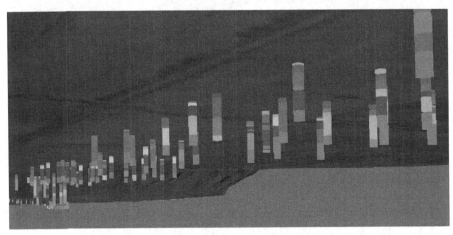

(a) 线路重点工区钻孔实体对象可视化

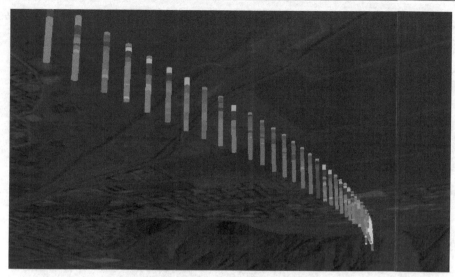

(b) 线路局部地段钻孔实体对象可视化

图 7-34　钻孔实体对象可视化建模效果

根据插值算法和虚拟钻探取芯，提取某一特定区域的虚拟钻孔，可视化建模效果如图 7-35 所示。

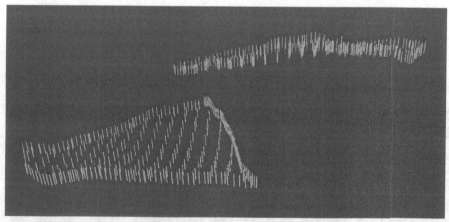

图 7-35　选定区域的虚拟钻孔可视化建模效果

6. 大比例尺地质对象提取建模与可视化

针对线路地质情况复杂区域、重点工程选线区域，基于地质对象提取技术和 GTP 地质实体建模技术，构建大比例尺地质模型。图 7-36～图 7-39 展示了大比例尺地质对象的提取建模与可视化。

图 7-36　三维环境中的不良地质对象区域

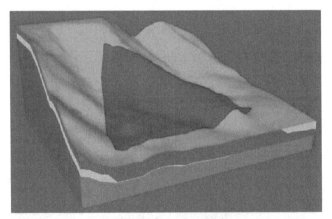

图 7-37　大比例尺地质对象提取建模与显示

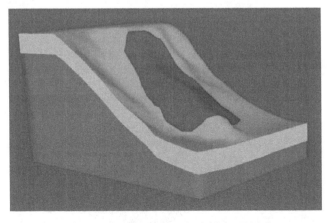

图 7-38　矩形区域提取建模与可视化

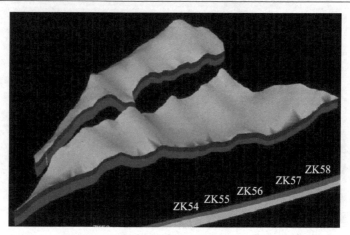

图 7-39　多边形边界提取建模与可视化

7. 长大带状地质环境建模

工程实例区长大带状地质环境模型如图 7-40 和图 7-41 所示。

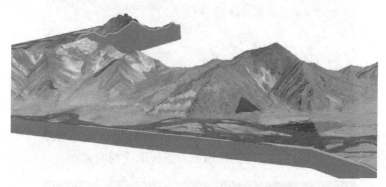

图 7-40　工程实例区长大带状地质环境模型(视点 1)

图 7-41　工程实例区长大带状地质环境模型(视点 2)

7.2.3　基于三维环境的实体选线方案

根据建立的长大带状三维地理环境和三维工程地质环境，开展实体选线及方案线三维建模。通过对地质对象信息的直观分析，研究线路的空间选址和结构物布置方案，通过路基、桥梁、隧道等线路构造物的三维建模，形成线路实体选线方案。三维环境中的案例段线路实体方案如图 7-42～图 7-44 所示。

图 7-42　三维环境中的案例段线路实体方案（远景 1）

图 7-43　三维环境中的案例段线路实体方案（远景 2）

图 7-44　三维环境中的案例段线路实体方案(远景 3)

　　根据三维环境下选定的线路实体方案，构建构造物实体对象，如图 7-45～图 7-48 所示。

图 7-45　案例段线路实体选线方案轨道模型

图 7-46　案例段线路实体选线方案路堑模型

图 7-47　案例段线路实体选线方案简支梁桥模型

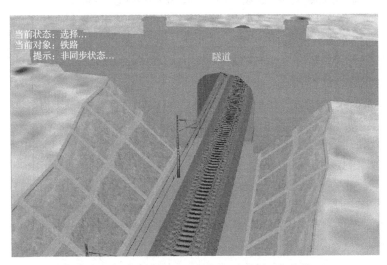

图 7-48　案例段线路实体选线方案隧道模型

参 考 文 献

[1] 易思蓉. 铁路数字化选线设计系统的理论与方法[M]. 成都: 西南交通大学出版社, 2011.

[2] 孟存喜, 钟祥水, 卞祖经. 铁路勘测设计一体化、智能化的研究与关键技术[J]. 铁道标准设计, 2006, (S1): 212-214, 219.

[3] Conn C, Lanier J, Minsky M, et al. Virtual environments and interactivity: Windows to the future[J]. Special Interest Group on Computer Graphics and Interactive Techniques Computer Graphics, 1989, 23(5): 7-18.

[4] 国家铁路局. 2021 年铁道统计公报[R]. 北京, 2022.

[5] 中国国家铁路集团有限公司. 新时代交通强国铁路先行规划纲要[R]. 北京, 2020.

[6] Sheng X, Luo H P, Wang P. Application of bentley power rail track software in the BIM railway design[J]. Applied Mechanics and Materials, 2014, 587-589: 1091-1094.

[7] 黎书生. 走出铁路勘测设计一体化建设困境——CARD/1 应用解决方案探讨[J]. 铁路航测, 2002, 28(3): 19-22.

[8] 汪文滨, 方坤礼. 德国道路勘测设计软件 CARD/1 系统的应用及开发[J]. 今日科苑, 2008, (18): 168-169.

[9] 黎小汉. 浅谈国外公路路线计算机辅助设计 CARD/1 软件[J]. 沿海企业与科技, 2009, (6): 40-41.

[10] Kevin Q G, Meng S, Peter G G. 旷达路线三维优化技术在路线规划中的应用[C]//第二届全国公路科技创新高层论坛, 北京, 2004.

[11] 赵艳, 胡志梅. 智能化三维路线优化决策系统进入中国——访旷达清正(北京)科技有限公司总经理罗明[J]. 交通世界(建养·机械), 2008, (4): 78-81.

[12] 刘江涛, 何娘者. 基于 Google Earth 和 BIM 的川藏铁路数字选线应用研究[J]. 高速铁路技术, 2016, 7(5): 75-79.

[13] 郭良浩, 王怀. 新建铁路线路数字化设计平台的研究[J]. 铁道工程学报, 2006, (S1): 119-125.

[14] Jin P H, Bae S M. A development of railway infrastructure BIM prototype libraries for roadbed and track[J]. Journal of the Computational Structural Engineering Institute of Korea, 2017, 30(5): 461-468.

[15] 袁海丽, 王伟. 基于 Vires 的城市轨道交通线路三维视景建模与应用[J]. 城市轨道交通研究, 2014, 17(4): 141-144.

[16] Lee S H, Park S I, Kwon T H, et al. Civil infrastructure information modeling method based on extended IFC entities using BIM authoring software[J]. Journal of the Computational Structural Engineering Institute of Korea, 2017, 30(1): 77-86.

[17] 谢先当, 刘厚强, 翟连吉. 基于 Bentley 平台的铁路路基 BIM 正向设计研究[J]. 铁路技术创新, 2020, (4): 43-49.

[18] 廖林, 周应华, 瞿浩, 等. 基于 Catia 的桥梁 BIM 参数化建模技术研究及应用[J]. 现代城市轨道交通, 2021, (3): 79-85.

[19] 王英杰, 常宇, 周亚坤, 等. 基于 Revit 的铁路线路三维信息平台开发[J]. 铁道勘察, 2021, 47(2): 7-11, 27.

[20] Lae C H, Soo J K, Hyouk K, et al. Algorithm-based railway tunnel BIM design considering railway alignment[J]. Journal of KIBIM, 2019, 9(1): 1-10.

[21] 聂良涛. 面向实体选线设计的铁路线路 BIM 与地理环境建模方法与应用[D]. 成都: 西南交通大学, 2016.

[22] 吕希奎, 易思蓉. 基于遥感数据的选线三维地理环境建模方法[J]. 铁道标准设计, 2006, (S1): 208-212.

[23] 束立勇, 何金, 傅成来. 基于激光点云技术的盐城市海域使用三维监管系统构建与应用[C]//海洋开发与管理第二届学术会议, 苏州, 2018.

[24] 杜永亮, 吕杰. 倾斜摄影和激光雷达在某输电工程三维建模中的应用研究[J]. 江西电力, 2019, 43(8): 12-20.

[25] 朱士才. LiDAR 的技术原理以及在测绘中的应用[J]. 现代测绘, 2006, 29(4): 12-13.

[26] 冯光胜. LiDAR 在地质灾害调查与监测中的应用研究[J]. 铁道工程学报, 2014, 31(7): 12-16.

[27] 亢玉龙. LiDAR 测绘技术在工程测绘中的应用分析[J]. 城市地理, 2017, (18): 96.

[28] 易思蓉, 朱颖, 许佑顶. 铁路线路 BIM 与数字化选线技术[M]. 北京: 中国铁道出版社, 2014.

[29] Nikolakopoulos K G, Kamaratakis E K, Chrysoulakis N. SRTM vs ASTER elevation products. Comparison for two regions in Crete, Greece[J]. International Journal of Remote Sensing, 2006, 27(21): 4819-4838.

[30] 聂良涛, 易思蓉, 李阳. 基于网络地理信息服务的选线数字地形获取方法[J]. 西南交通大学学报, 2015, 50(5): 803-810.

[31] International Association of Oil & Gas Producers. Coordinate Conversions and Transformations including Formulas[S]. London: IOGP Publication, 2015.

[32] Hoppe H. Smooth view-dependent level-of-detail control and its application to terrain rendering[C]//Proceedings Visualization'98, Reasearch Triangle Park, 1998.

[33] Clark J H. Hierarchical geometric models for visible surface algorithms[J]. Communications of the ACM, 1976, 19(10): 547-554.

[34] 杜莹. 全球多分辨率虚拟地形环境关键技术的研究[D]. 郑州: 中国人民解放军信息工程大学, 2005.

[35] 武玉国, 杜莹, 王晓明, 等. 大规模地形 TIN 模型的 LOD 算法设计与实现[J]. 系统仿真学报, 2005, 17(3): 665-669.

[36] Cignoni P, Ganovelli F, Gobbetti E, et al. BDAM—Batched dynamic adaptive meshes for high performance terrain visualization[J]. Computer Graphics Forum, 2003, 22(3): 505-514.

[37] Duchaineau M, Wolinsky M, Sigeti D E, et al. ROAMing terrain: Real-time optimally adapting meshes[C]//Proceedings Visualization'97, Phoenix, 1997.

[38] Hoppe H. View-dependent refinement of progressive meshes[C]//Proceedings of the 24th Annual Conference on Computer Graphics and Interactive Techniques, Los Angeles, 1997.

[39] Larsen B D, Christensen N J. Real-time terrain rendering using smooth hardware optimized level of detail[J]. Journal of WSCG, 2003, 11(2): 282-289.

[40] Levenberg J. Fast view-dependent level-of-detail rendering using cached geometry[C]//IEEE Visualization 2002, Boston, 2002.

[41] Lindstrom P, Koller D, Ribarsky W, et al. Real-time, continuous level of detail rendering of height fields[C]//Proceedings of the 23rd Annual Conference on Computer Graphics and Interactive Techniques, Los Angeles, 1996.

[42] Lindstrom P, Pascucci V. Terrain simplification simplified: A general framework for view-dependent out-of-core visualization[J]. IEEE Transactions on Visualization and Computer Graphics, 2002, 8(3): 239-254.

[43] Lindstrom P, Pascucci V. Visualization of large terrains made easy[C]//Proceedings Visualization 2001, San Diego, 2001.

[44] 张淑军, 陈芳, 周忠. 基于四叉树剖分的 LOD 地形绘制算法[J]. 系统仿真学报, 2008, 20(S1): 25-28, 32.

[45] Willem H, Boer D. Fast Terrain Rendering Using Geometrical MipMapping[EB/OL]. http://www.flipcode.com/articles/article_geomipmaps.pdf, 2000. [2021-07-01].

[46] Losasso F, Hoppe H. Geometry clipmaps: Terrain rendering using nested regular grids[C]//ACM SIGGRAPH 2004, Los Angeles, 2004.

[47] Ulrich T. Rendering massive terrains using chunked level of detail control[C]//ACM SIGGRAPH 2002, Los Angeles, 2002.

[48] 王超. 机载 LiDAR 点云数据的抽稀方法研究[D]. 阜新: 辽宁工程技术大学, 2016.

[49] 尹志永, 王涛, 徐莹, 等. 基于 OSG 的城市三维 GIS 系统的初步设计与开发[J]. 城市勘测, 2015, (1): 52-55.

[50] 卓宝熙. 工程地质遥感判释与应用[M]. 北京: 中国铁道出版社, 2002.

[51] 程丹, 杨钦, 张永波, 等. 基于水文剖面的三维地质建模方法[J]. 北京航空航天大学学报, 2007, 33(11): 1362-1366.

[52] 李响. 三维地质建模技术的研究[D]. 合肥: 合肥工业大学, 2008.

[53] 吕希奎. 线路三维可视化设计理论、方法与应用[M]. 北京: 科学出版社, 2015.

[54] 王永波. 基于钻孔数据的工程地质建模及可视化[D]. 青岛: 中国石油大学(华东), 2016.

[55] 赵喜, 胡文华, 李鸣, 等. 某型雷达虚拟维修训练系统的设计与实现[J]. 计算机测量与控制, 2019, 27(2): 221-224.

[56] 杨晓松, 原仓周, 李云鹏, 等. 基于scan-buffer三维不规则数据场的直接体绘制技术[J]. 大连理工大学学报, 2000, 40(2): 198-202.

[57] 杨晓松, 顾元宪, 李云鹏, 等. 三维有限元模型的任意剖切及其等值线与彩色云图生成的方法[J]. 中国图象图形学报, 1999, 4(7): 574-578.

[58] 王纯祥, 白世伟, 贺怀建. 三维地层可视化中地质建模研究[J]. 岩石力学与工程学报, 2003, 22(10): 1722-1726.

[59] 秦献. 基于BIM的铁路地质选线方法研究[D]. 石家庄: 石家庄铁道大学, 2018.

[60] 李永发. 基于地质实体建模的三维空间选线方法研究[D]. 石家庄: 石家庄铁道大学, 2017.

[61] 曹琨. 铁路线路构造物模型(RLBIM)参数化建模方法研究[D]. 成都: 西南交通大学, 2016.

[62] 孙志礼, 姬广振, 闫玉涛, 等. 机械产品参数化设计技术[M]. 北京: 国防工业出版社, 2014.

[63] 陈钢, 陈小安, 张高群, 等. 基于参数化特征建模技术建立三维标准件库的方法研究[J]. 计算机辅助设计与制造, 2001, (6): 47-49.

[64] 曾旭东, 谭洁. 基于参数化智能技术的建筑信息模型[J]. 重庆大学学报(自然科学版), 2006, 29(6): 107-110.

[65] 冯培恩, 姜方满, 王朝霞. 结构 CAD 的参数化建模方法研究[J]. 机械设计, 1995, 12(9): 16-17, 25.

[66] 阎伟. 3ds Max 与AutoCAD结合进行三维技术建模及动画制作方法[J]. 淮海工学院学报(自然科学版), 2000, 9(2): 27-30.

[67] 梁艳霞. 基于 3ds Max 的三维建模技术在工业设计中的应用[J]. 电脑知识与技术, 2009, 5(25): 7242-7244.

[68] 何莉, 易思蓉. 铁路线路视景仿真中构造物三维模型库的研究[J]. 铁道勘察, 2006, 32(6): 25-28.

[69] 杨宗元. 多细节层次模型的研究及应用[D]. 哈尔滨: 哈尔滨工程大学, 2007.

[70] 张昊. 基于 OSG 的道路三维实时交互式可视化技术研究[D]. 长沙: 中南大学, 2010.

[71] 孙家广, 许隆文. 计算机图形学[M]. 北京: 清华大学出版社, 1986.

[72] 易思蓉. 铁路选线设计[M]. 4 版. 成都: 西南交通大学出版社, 2017.

[73] 吕希奎, 同小平, 张学军, 等. 基于参数化技术的隧道三维建模方法[J]. 工程图学学报, 2011, 32(2): 26-30.

[74] 吕希奎. 列车牵引计算与仿真实验教程[M]. 北京: 中国铁道出版社, 2018.

[75] 朱颖, 吕希奎, 许佑顶. 动车组牵引计算与仿真系统[M]. 北京: 中国铁道出版社, 2015.

[76] 吕希奎, 杨峰, 王奇胜. 高速铁路牵引计算与仿真系统研究[J]. 铁道标准设计, 2019, 63(4): 9-16.

[77] 丁国富, 翟婉明, 王开云. 机车车辆在轨道上运行的动力学可视仿真[J]. 铁道学报, 2002, 24(3): 14-17.

[78] 明芳, 李峻林. 基于 OSG 的虚拟场景漫游技术研究[J]. 计算机与数字工程, 2011, 39(3): 133-137.

[79] 王跃, 郑贵洲. 基于OSG的OBS导航定位系统三维可视化场景实现[J]. 计算机应用与软件, 2017, 34(8): 92-96, 129.

[80] 陈宁, 吕庆伦, 孙玉科. 基于 OSG 的视点跟随技术在船舶驾驶仿真系统中的应用[J]. 船舶工程, 2011, 33(6): 53-57.

[81] 戴伟. 虚拟战场场景仿真的设计与实现[D]. 南京: 南京理工大学, 2013.

[82] 蒲浩, 李伟, 龙喜安. 高速铁路牵引计算与三维运行仿真研究[J]. 铁道科学与工程学报, 2011, 8(5): 1-5.

[83] 张海建, 李红, 孙丹. 基于 OSG 的漫游仿真系统的设计与实现[J]. 自动化应用, 2017, (8): 6-8, 10.

[84] 高首都, 李珂. 遥感三维可视化技术在输电线路选线中的应用[J]. 地理空间信息, 2010, 8(5): 19-20, 23.

[85] 易思蓉, 聂良涛. 基于虚拟地理环境的铁路数字化选线设计系统[J]. 西南交通大学学报, 2016, 51(2): 373-380.